그대에게 줄 말은
연습이 필요하다

그대에게
줄 말은
연습이 필요하다

김옥림 엮고 씀

정민
미디어

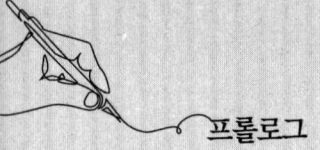
프롤로그

사람들 가슴엔
별이 살고 있다

사랑이라는
참 맑고 아름다운 별

〈별〉이라는 제목의 시입니다. 이 시는 오래전 경기도 여주의 한 작은 마을로 봉사활동을 갔을 때 쓴 작품입니다. 그때 나는 그곳의 시골 교회에서 일주일 동안 중고등학생들에게 노래와 시를 가르치며 즐거운 시간을 보냈습니다.

마을 앞으로는 운치 있는 맑은 호수가 있었는데, 밤이면 수많은 별이 호수에 내려와 반짝였습니다. 그 모습은 어떤 명화보다도 아름다웠습니다. 그때의 감흥을 곧바로 시로 적었습니다. 그러곤 '별'이라는 제목을 붙였는데, 사람들 가슴에도 '사랑'이라는 별이 있다고 생각했기 때문입니다. 사랑은 사람들 마음속에 사는 '별'인 것입니다.

지금도 이 시를 읽을 때면 가슴에 녹아 흐르던 그때의 감흥에 생생하게 사로잡히곤 합니다. 깊은 감흥에서 온 그 '순간'은 '영원'으로 이어질 만큼, 몸과 마음을 맑고 투명하게 합니다.

시는 마음이 쉬어가는 고향입니다. 그래서 우리는 시를 읽어야 합니다. 시를 읽을 때 비로소 마음의 본향인 인간성을 지킬 수 있습니다. 인간성을 잃지 않은 마음은 맑고 투명한 호수와 같습니다. 그 호수는 하늘과 별, 구름, 그리고 세상의 모든 풍경을 고요히 품어 안으면서도 끝내 그 맑음을 잃지 않습니다.

그러나 인간성을 놓치면 순수성 또한 사라져 이기적이고, 배려할 줄도 모르고, 탐욕으로 가득 물들게 되어 자신에게도 타인에게도 아픔을 주기도 하고, 고통을 안기기도 하지요. 이럴 때 마음을 맑게 정화하는 한 편의 좋은 시를 읽는다면 거칠고 메마른 마음을 따뜻한 감동으로 물들여 순수성을 되찾는 데 큰 도움이 됩니다.

안타깝게도 요즘 시는 대개가 내용이 어려워 독자들로부터 외면받고 있습니다. 이해되지 않는 시를 읽는다는 것은 여간 곤혹스러운 일이 아닐 수 없습니다. 그로 인해 시는 시로서 역할을 상실한 지 이미 오래이지요. 그런 까닭에 지나친 경쟁과 빠른 삶의 속도에 지친 독자들의 마음을 맑게 정화함으로써 위로와 용기, 그리고 다시 꿈꿀 힘을 전하고자 쉽지만 의미 있고, 잔잔하지만 깊은 울림을 주는 시들만 선별하여 시집을 펴내게 되었습니다.

이 시집의 가장 큰 특징은 읽고 필사할 수 있도록 구성되었다는 점입니다. 시를 필사하는 장점은 많습니다. 첫째, 읽은 시 내용을 오래도록 정확히 기억하게 합니다. 둘째, 자기만의 생각과 상상력을 기르는 데 큰 도움이 됩니다. 셋째, 필사를 통해 시인의 생각과 감정을 따라가다 보면, 왜 그런 표현을 썼는지 스스로 탐색하게 되고, 마치 내가 그 시를 쓰는 듯한 몰입의 순간을 경험하게 됩니다. 그렇게 시와 마음이 하나 되는 깊은 공감, 즉 '시심일체(詩心一體)'의 세계를 느낄 수 있습니다. 넷째, 이러한 과정은 시의 표현력과 이해력을 기르는 데 큰 도움이 됩니다.

이처럼 이 시집은 필사를 통해 시의 세계를 넓고 깊게 이해하고 공감하게 하며, 거칠고 메마른 마음에 서정의 단비를 내려주는 책이 될 것입니다. 주옥같은 시들을 필사하면서 시의 참된 묘미를 느껴보기를 바랍니다. 마음의 본향이자 위안의 공간인 시의 세계로 여러분을 초대합니다. 이 시집 속 시들과 함께하는 시간이 즐겁고 마음에 평안과 위안을 얻는다면, 이 시집을 기획한 나로서는 더할 나위 없이 감사하고 행복할 것입니다.

김옥림

Contents

1

내게로 와서 꽃이 되었다
손끝으로 쓰는 우리 시

2

내게로 와서 사랑이 되었다
펜 끝에 스며드는 세계의 시

언제나 꽃은

꽃은 우는 적이 없다.

비가 오거나
거센 바람이 휘몰아치거나
뜨거운 태양 아래에서도
꽃은
웃음을 잃지 않는다.

울면 꽃이 아니다.

언제나 웃어야 꽃이다.

_ 김옥림

내게로 와서 꽃이 되었다
_ 손끝으로 쓰는 우리 시

개여울

_ 김소월

당신은 무슨 일로
그리합니까?
홀로이 개여울에 주저앉아서

파릇한 풀포기가
돋아나오고
잔물은 봄바람에 해적일 때에

가도 아주 가지는
않노라시던
그러한 약속이 있었겠지요

날마다 개여울에
나와 앉아서
하염없이 무엇을 생각합니다

가도 아주 가지는
않노라심은
굳이 잊지 말라는 부탁인지요

시
인
의

시

이
야
기

우리말로 민족의 정서와 심성을 가장 잘 표현한 감성의 연금술사
인 시인 김소월. 그의 시 한 편 한 편은 마치 한 올 한 올의 금사로 곱
게 짠 비단결처럼 슬프도록 아름답고, 절절한 감흥의 물결로 마음
을 흠뻑 적십니다.

〈진달래꽃〉, 〈산유화〉, 〈못 잊어〉 등 그 제목만으로도 가슴을 뭉
클하게 하는 주옥같은 시는 아무리 거칠고 메마른 목석같은 사람
도, 뜨거운 감동의 물결로 출렁이게 하지요. 특히 이 시 〈개여울〉은
사랑하는 이에 대한 사랑의 감정이 잘 드러나 있습니다. 가도 아주
가지는 않겠다는, 사랑하는 이에 대한 간절한 그리움과 그 사랑에
대한 절대적인 순정은 누구라도 사랑의 감정에 깊이 물들게 하지요.

〈개여울〉은 오래전 노래로 만들어져 가수 정미조가 불렀는데, 시와 곡조가 어쩜 그리도 조화롭게 어우러지는지 노래를 들을 때마다, 때론 아련하고 또 때론 뜨거운 열정으로 빛나던 그 시절로 되돌아가고픈 감흥을 불러일으키곤 합니다.

저녁놀 붉게 물드는 강변을 걸으면서 또는 잔바람에 파르르 물결이 이는 강가에 앉아 이 시를 읽어보세요. 왜 우리 가슴을 애잔하게 하고 은은한 감동으로 이끄는지를 잘 느끼게 될 테니까요.

한계령을 위한 연가

_문정희

한겨울 못 잊을 사람하고
한계령쯤을 넘다가
뜻밖의 폭설을 만나고 싶다.
뉴스는 다투어 수십 년 만의 풍요를 알리고
자동차들은 뒤뚱거리며
제 구멍들을 찾아가느라 법석이지만
한계령의 한계에 못 이긴 척 기꺼이 묶였으면.

오오, 눈부신 고립
사방이 온통 흰 것뿐인 동화의 나라에
발이 아니라 운명이 묶였으면.

이윽고 날이 어두워지면 풍요는
조금씩 공포로 변하고, 현실은
두려움의 색채를 드리우기 시작하지만
헬리콥터가 나타났을 때에도
나는 결코 손을 흔들지 않으리.
헬리콥터가 눈 속에 갇힌 야생조들과
짐승들을 위해 골고루 먹이를 뿌릴 때에도….

시퍼렇게 살아 있는 젊은 심장을 향해
까아만 포탄을 뿌려대던 헬리콥터들이
고라니나 꿩들의 일용할 양식을 위해
자비롭게 골고루 먹이를 뿌릴 때에도
나는 결코 옷자락을 보이지 않으리.

아름다운 한계령에 기꺼이 묶여
난생처음 짧은 축복에 몸둘 바를 모르리.

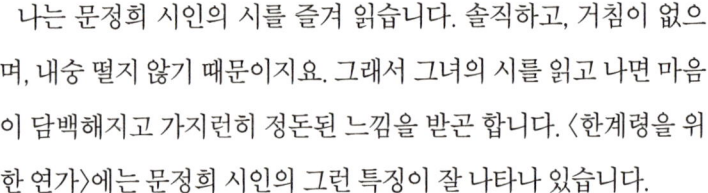

시
인
의
시
이
야
기

　나는 문정희 시인의 시를 즐겨 읽습니다. 솔직하고, 거침이 없으며, 내숭 떨지 않기 때문이지요. 그래서 그녀의 시를 읽고 나면 마음이 담백해지고 가지런히 정돈된 느낌을 받곤 합니다. 〈한계령을 위한 연가〉에는 문정희 시인의 그런 특징이 잘 나타나 있습니다.

　폭설 속 한계령에서 사랑의 밤을 보내고 싶은 시적 화자의 마음은 다소 도발적으로 느껴지지만, 그것은 단지 행복하고 싶은 간절한 열망에서 비롯된, 지극히 순수한 사랑의 표현입니다. 이를 잘 말해주는 대목이 눈에 갇혀 옴짝달싹할 수 없는 사람들을 구조하러 헬리콥터가 나타났을 때도 손을 흔들지 않고, 자신의 옷자락도 보이지 않겠다는 다짐입니다.

이 아찔하도록 상큼한 시적 발상이 정염에 물든 시적 화자의 마음을 속물적이고 저급하게 만드는 것이 아니라, 오히려 수긍하게 하는 것은 바로 거침없는 그녀의 솔직함 때문입니다. 또한 잊지 못할 연인과 운명적으로 묶이고 싶은 간절한 마음 때문이기도 하고요. 이는 문정희 시인이니까, 할 수 있는 표현입니다. 즉, 문정희식 시적 표현법이라고 할 수 있습니다.

이 시와 같은 상황이 주어진다면, 온통 하얗게 빛나는 한계령에서 격정적인 사랑의 밤을 보내고 싶지 않은 사람은 아마도 없을 것입니다. 이런 사랑이라면 나 또한 목숨을 걸어보고 싶습니다.

추억

_조병화

잇어버리자고
바다 기슭을 걸어보던 날이
하루
이틀
사흘

여름 가고
가을 가고
조개 줍는 해녀의 무리 사라진 겨울 이 바다에

잊어버리자고
바다 기슭을 걸어가는 날이
하루
이틀
사흘

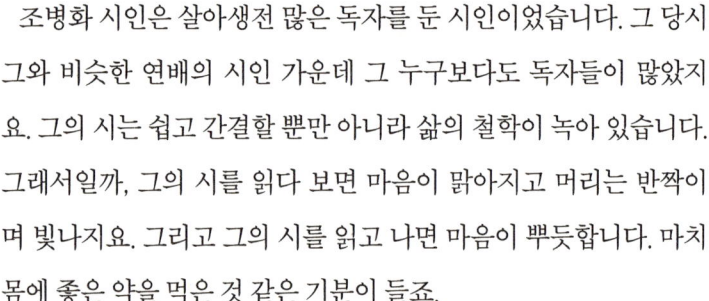

시
인
의 시 이
야
기

조병화 시인은 살아생전 많은 독자를 둔 시인이었습니다. 그 당시 그와 비슷한 연배의 시인 가운데 그 누구보다도 독자들이 많았지요. 그의 시는 쉽고 간결할 뿐만 아니라 삶의 철학이 녹아 있습니다. 그래서일까, 그의 시를 읽다 보면 마음이 맑아지고 머리는 반짝이며 빛나지요. 그리고 그의 시를 읽고 나면 마음이 뿌듯합니다. 마치 몸에 좋은 약을 먹은 것 같은 기분이 들죠.

그는 단박에 시를 쓰는 것으로 유명했습니다. 시를 쓰기 전에 오랜 사색을 통해 걸러지고 정제된 시적 언어가 그의 가슴에 샘물처럼 흘러서 가능한 일일 겁니다. 그리고 그는 새벽 4시나 5시에 시를 썼습니다. 그 시간이 가장 몸과 마음이 맑기 때문이지요. 그런 이유로 그의 시 쓰기는 하나의 경건한 의식과도 같아 그의 시가 독자의 가슴에 감동을 줄 수 있었던 것이지요.

〈추억〉이란 시 또한 그렇게 쓰였습니다. 사람은 누구나 가슴에 잊지 못할 추억을 품고 살지요. 첫사랑의 추억, 이별의 추억, 좋았던 날의 추억, 행복했던 추억, 감사했던 일에 대한 추억 등 그 사연도 사람에 따라 다릅니다. 그런데 한 가지 공통점은 추억은 그 어떤 것도 다 아련하고 뭉클하다는 것입니다. 그래서 마치 마음에 품은 삶의 '진주'와도 같습니다.

이 시의 시적 화자도 그 무언가를 잊기 위해 봄이 가고 가을이 가고 해녀들이 사라진 겨울 바다 산기슭을 걸어보지만, 그것은 잊히지 않는 '추억'이 되었다는 걸 알 수 있습니다. 그렇습니다. 추억을 잊지 못하는 건 마음에 새겨진 '그리움의 화석'이기 때문입니다.

꽃씨를 거두며

_도종환

언제나 먼저 지는 몇 개의 꽃들이 있습니다. 아주 작은 이슬과 바람에도 서슴없이 잎을 던지는, 뒤를 따라 지는 꽃들은 그들을 알고 있습니다. 아이들과 함께 꽃씨를 거두며 사랑한다는 일은 책임지는 일임을 생각합니다. 사랑한다는 일은 기쁨과 고통, 아름다움과 시듦, 화해함과 쓸쓸함 그리고 삶과 죽음까지를 책임지는 일이어야 함을 압니다. 시드는 꽃밭 그늘에서 아이들과 함께 꽃씨를 거두어 주먹에 쥐며 이제 기나긴 싸움은 다시 시작되었다고 나는 믿고 있습니다. 아무것도 끝나지 않았고 삶에서 죽음까지를 책임지는 것이 남아있는 우리들의 사랑임을 압니다. 꽃에 대한 씨앗의 사랑임을 압니다.

　　도종환 시인은 아이들과 함께 꽃씨를 거두며 한 가지 깨달음을 얻습니다. 그것은 바로 '책임지는 사랑'입니다. 시인은 그 깨달음을 〈꽃씨를 거두며〉라는 시로 탄생시켰습니다. 이 시에서 시인은 책임질 줄 아는 사랑을 해야 한다고 말합니다. 그가 말하는 사랑은 기쁨과 고통, 아름다움과 시듦, 화해함과 쓸쓸함 그리고 삶과 죽음까지도 책임지는 사랑입니다. 책임이 따르지 않는 사랑은 사랑으로서 가치가 없기 때문입니다.

　　그렇습니다. 사랑이란 책임을 질 수 있을 때 하는 것입니다. 책임을 질 수 없다면 그런 사랑은 하지 말아야 합니다. 그렇지 않으면 자칫 자신이나 상대방에게 깊은 고통과 아픔만을 줄 뿐입니다.

사랑을 장난처럼 여기는 사람들을 보면 너무나 안타까운 마음에 가슴이 저려오기도 합니다. 그들은 사랑의 행위를 일순간 즐거움을 위한 놀이쯤으로 여기는 것 같습니다. 재미있을 때는 신나게 가지고 놀다가도 흥미를 잃으면 내팽개치는 그런 장난감처럼 말입니다. 그런 사랑은 하지도 받지도 말아야 합니다. 오직 사랑만을 위한 사랑, 서로를 책임질 수 있는 사랑을 해야 합니다.

서시

_윤동주

죽는 날까지 하늘을 우러러
한 점 부끄럼이 없기를,
잎새에 이는 바람에도
나는 괴로워했다.
별을 노래하는 마음으로
모든 죽어가는 것을 사랑해야지.
그리고 나한테 주어진 길을
걸어가야겠다.

오늘 밤에도 별이 바람에 스치운다.

시
인
의 시 이야기

윤동주 시인의 삶과 철학, 사상을 가장 잘 드러내 보이면서도, 어렵지 않고 무겁지 않은 감동의 울림이 깊디깊은 시, 〈서시〉.

이 시가 사랑받는 가장 큰 이유는 담고 있는 메시지, 즉 시적 주제도 중요하지만, 무엇보다 누구나 이해할 수 있는 쉽고 평이한 언어로 쓰였기 때문입니다. 좋은 시란 이렇게 누구나 이해할 수 있는 언어로 표현되어야 하며, 시적 주제가 선명하게 드러나야 합니다. 또한 가슴 깊이 울림을 주고 깨우침을 주어야 하며, 마치 무더운 여름날 마시는 시원한 샘물처럼 마음과 생각을 말끔히 정화시켜야 합니다.

무슨 뜻인지 이해할 수 없는 암흑처럼 난해한 시, 그럴듯한 언어로 포장했지만 감동이라고는 찾아볼 수 없는 시는 독자들을 곤혹스럽게 하고 시로부터 멀어지게 하지요. 그래서일까, 시를 잘 읽지 않는 지금의 시대는 거칠고 메마를 수밖에 없습니다. 이런 시대에 〈서시〉와 같은 좋은 시가 있다는 것이, 우리에겐 행운인 이유가 여기에 있습니다.

좋은 시를 찾아 많이 읽으십시오. 그런 당신이 진정 행복하고 따뜻한 사람입니다.

꽃

_ 김춘수

내가 그의 이름을 불러 주기 전에는
그는 다만
하나의 몸짓에 지나지 않았다.

내가 그의 이름을 불러 주었을 때
그는 나에게로 와서
꽃이 되었다.

내가 그의 이름을 불러 준 것처럼
나의 이 빛깔과 향기에 알맞은
누가 나의 이름을 불러다오.
그에게로 가서 나도
그의 꽃이 되고 싶다.

우리들은 모두
무엇이 되고 싶다.
너는 나에게 나는 너에게
잊혀지지 않는 하나의 의미가 되고 싶다.

　김춘수 시인의 시 〈꽃〉은 읽을 때마다 참 멋진 시라는 생각을 하
곤 합니다. 존재의 의미성을 '꽃'이라는 사물을 통해 보여주는 이 시
는, 인간관계에 있어 내 존재를 알리고, 상대의 존재를 인식하는 것
이 얼마나 중요한지에 대해 잘 알게 합니다.

　이를 잘 보여주는 시구(詩句)가 "내가 그의 이름을 불러 주기 전에
는 / 그는 다만 / 하나의 몸짓에 지나지 않았다." 하지만 "내가 그의
이름을 불러 주었을 때 / 그는 나에게로 와서 / 꽃이 되었다"는 표현
입니다.

　이름을 불러주기 전에는 하나의 몸짓에 불과하지만, 이름을 불러

주었을 땐 내게로 와서 '꽃'이 되었다는 것은 '존재'로서의 실체가 되는 것이지요. 그리고 시인은 누군가가 자신의 이름을 불러주길 갈망하고 자신도 그에게로 가서 꽃이 되고 싶어 하지요. 나아가 시인은 우리 모두가 무엇이 되고 싶어 하고 "너는 나에게 나는 너에게 / 잊혀지지 않는 하나의 의미가 되고 싶다"고 말합니다.

그렇습니다. 우리는 서로가 서로에게 삶의 존재가 되고, 의미가 되어야 합니다. 그것이 막히면 자신의 존재도 모두의 존재도 가치를 상실함으로써 의미 또한 잃어버리게 되지요. 그래서 시인의 말처럼 너는 나에게 나는 너에게, 나아가 우리는 모두 잊히지 않는 의미가 되어야 하는 것입니다.

산책

_조병화

참으로 당신과 함께 걷고 싶은 길이었습니다
참으로 당신과 함께 앉고 싶은 잔디였습니다
당신과 함께 걷다 앉았다 하고 싶은
나무 골목길 분수의 잔디
노란 밀감나무 아래 빈 벤치들이었습니다
참으로 당신과 함께 누워 있고 싶은 남국의 꽃밭
마냥 세워 푸르기만 한 꽃밭
내 마음은 솔개미처럼 양명산 중턱
따스한 하늘에 걸려 날개질 치며
만나다 헤어질 그 사람들이 또 그리워들었습니다
참으로 당신과 함께 영 걷고 싶은 길이었습니다
당신과 함께 영 앉아 있고 싶은 잔디였습니다

　　함께 걷고 싶은 사람이 있다는 건 정말 행복한 일입니다. 잔디밭
에 앉아 마주 보며 웃을 수 있는 사람이 곁에 있다는 건 무척 감사한
일이지요. 다정한 모습으로 어깨를 나란히 하고 산책하는 남녀를
바라보고 있으면 그 어떤 명화보다도 아름답습니다. 푸른 잔디 위
에 앉아 도란도란 이야기꽃을 피우며 환하게 웃고 있는 연인을 보
면 너무나도 사랑스러워 보이지요. 함께 나란히 누워 푸른 하늘을
바라볼 수 있는 사람이 있다는 것은 눈물 나도록 고마운 일입니다.

　　조병화 시인은 사랑하는 사람과 '함께'한다는 것이 얼마나 행복하
고 감사한 일인지를 '걷고 싶은 길'과 '앉고 싶은 잔디'를 통해 소박
하지만 구체적인 표현으로 보여주고 있습니다. 사랑하는 사람과 함

께한다는 것, 사랑하는 사람과 함께 사랑하며 산다는 것은 그 무엇
보다도 인생에서 소중한 행복이자 가치입니다.

  당신은 함께 걷고 싶은 사람이 있나요, 함께 잔디에 앉고 싶은 사
람이 있나요? 그렇다면 당신은 참 행복한 사람입니다.

무명도無名島

_이생진

저 섬에서
한 달만 살자
저 섬에서
한 달만
뜬눈으로 살자
저 섬에서
한 달만
그리운 것이
없어질 때까지
뜬눈으로 살자

〈무명도〉는 이생진 시인의 베스트 시집 《그리운 바다 성산포》에 실린 시입니다. 무명도란 이름 없는 섬, 즉 무인도를 말하지요. 그 섬에서 뜬눈으로 그리운 것이 없어질 때까지 한 달만 살자는 시인의 목소리엔, 세상 욕망과 그리움으로부터 자신을 지켜내려는 깨끗한 의지가 강물처럼 흐릅니다. 복잡하고 마음 무거운 현실에서 영혼을 맑게 씻어주는 시입니다.

시는 그 짧은 함축적인 표현에서도 긴 장편소설에서나 얻을 수 있는 깊은 감동이 있습니다. 그런데 안타깝게도 이 시대를 일컬어 시를 읽지 않는 시대라고 말합니다. 시가 어려워서도 그러하지만 인터넷과 게임 등의 영향이 큽니다. 참으로 애석한 일이 아닐 수 없습

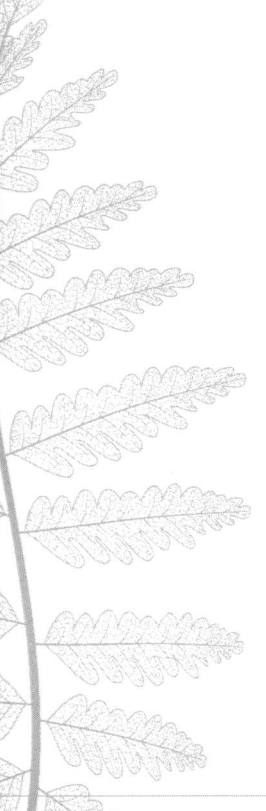

니다. 게임이니, 인터넷이니 하는 것 따위가 그 아무리 위세를 떨친다 해도 종이책에서 활자 냄새를 맡으면서 읽는 감동엔 절대로 미치지 못합니다.

시를 읽어야 합니다. 우리들의 지치고 피곤한 몸과 마음은 샘물처럼 잔잔하고 투명한 시를 읽음으로써 위안을 받고 새로운 힘을 얻어야 합니다. 시를 읽어 인간 마음의 영원한 본향으로 돌아가야 합니다.

그 집 앞

_ 김옥림

나 어릴 적
그 집 앞을 지나치려면
발길은 보이지 않는 그 무엇에 이끌려
한참을 서성거렸다

소녀는 무엇을 하는지 보이질 않고
반쯤 열려진 창으로
바람만 제 집인 양 들락거렸다

한때 나도 바람이 되고 싶었다
소녀를 가까이 할 수 있다면
바람이 되어도 좋았던 적 있었다

소녀는 포스터의 오수제너를 좋아했다
소녀가 부르는 오수제너는
내 발길을 그 집 앞으로 다다르게 했다

소녀는 한 송이 목화꽃처럼 맑았다
너무 맑고 희어 아기 달님이
하늘에서 내려왔나 싶었다

소녀가 가끔 나를 보고 웃어 줄 땐
어린 내 마음속에선
몇 날 며칠을 맑은 시냇물 소리가 들렸다

술집에 나가는 젊은 엄마를 따라
서울서 온 소녀는
사슴처럼 눈이 맑아 늘 외로워 보였다

나는 소녀의 어린 느티나무가 되고 싶어
늘 오가며 그 집 앞에
달빛 그림자처럼 기웃거렸다

그 어린 시절 나의 서정이 무르익고
작은 사랑의 세계가 주렁주렁 열렸던
오고 가며 가슴 설레었던
눈꽃처럼 빛나던 그 집 앞

〈그 집 앞〉이란 시입니다. 내 어린 시절을 추억하며 시상을 떠올렸는데, 완성하고 나니 참으로 행복한 마음이 들었습니다. 그러니까 내가 초등학교 6학년 때 일입니다. 어느 날 학교에 갔다 오니 아기 달님처럼 하얗고 예쁜 여자아이가 우리 집 건넛방으로 이사를 온 것입니다. 그 애는 5학년이고 이름은 나은빈이라고 했습니다. 그 애 엄마는 술집 마담으로 일했습니다. 배우처럼 참 예뻤죠.

은빈이는 나를 친오빠처럼 따랐습니다. 나는 동네 애들이 보고 놀릴까 봐 염려하면서도 은빈이가 놀러 가자고 하면 개울과 들로 쏘다니며 즐겁게 보내곤 했습니다. 붙임성이 좋은 은빈이는 거침이 없었습니다. 언제나 자기 생각을 솔직하게 말하고 행동했습니다.

가끔 나를 당황하게 한 것은 "나는 오빠가 참 좋아"라고 말하거나, 길을 걸을 때 내 손을 꼭 잡곤 했던 일입니다. 나는 얼른 손을 빼고 저만치 떨어져 걸으라고 툭 쏘아주곤 했습니다.

나는 내 생각과는 반대로 행동했습니다. 좋으면서도 퉁퉁거리고, 무뚝뚝하게 대했습니다. 은빈이는 그런 나를 이해하지 못하는 표정으로 바라보곤 했지만 언제나 나를 친오빠처럼 잘 따랐습니다. 은빈이와 신나게 논 날은 은빈이가 건넛방에 있는데도 보고 싶었습니다. 그 애를 생각하면 가슴이 두근거리며 방망이질해댔습니다. 그때는 그 마음이 무엇을 의미하는지 알지 못했지만, 기분이 참 묘했습니다. 나는 은빈이를 통해 이성에 대한 감정에 눈뜨기 시작한 것입니다.

그러던 어느 날 은빈이네는 다른 집으로 이사를 갔습니다. 나는 그때 얼마나 속상했는지 모릅니다. 너무 속상해 눈물을 흘리곤 했습니다. 은빈이는 이사 간 후에도 날마다 우리 집으로 와선 재잘거리며 놀다 가곤 했습니다. 하지만 우리 집에서 살 때와는 달리 조금 서먹해졌습니다. 은빈이는 변함이 없었지만 내 마음이 그랬습니다. 한 치 건너 두 치라는 말이 있듯 우리 집에서 살지 않으니 거리감이 느껴지는 건 당연한 일이었으니까요.

나의 6학년 생활은 거의 은빈이와 함께였습니다. 그러던 어느 날 가슴이 무너지는 듯한 충격을 느껴야만 했습니다. 여느 때처럼 우리 집에 온 은빈이가 아기 사슴 같은 여린 눈망울로 눈물을 글썽이며 서울로 이사할 거라고 말했던 것입니다. 나는 큰 충격을 받았지만 꾹 참았습니다. 은빈이가 이사를 간다고 말하던 날, 나는 참을 수 없이 서럽게 울었습니다. 그 모습을 보신 어머니는 나를 꼭 끌어안으며 다정히 말씀하셨습니다.

"그랬구나. 옥림아, 사람은 만나면 헤어질 때가 있는 법이란다. 지금은 무척 슬프겠지만 이담에 또 만날 수 있단다. 그러니 너무 슬퍼하지 말거라."

나는 어머니 말이 귀에 들어오지 않았고, 또 그 말의 의미를 생각하고 싶지도 않았습니다. 단지 은빈이가 떠나간다는 사실이 슬플 뿐이었습니다. 그리고 며칠 후 학교에서 돌아오니 은빈이가 간다며 나를 찾아왔다는 엄마의 말을 듣고 버스 정류장으로 바람같이 달려갔습니다. 버스는 조금 전에 떠났다고 했습니다. 나는 버스를 보기 위해 시냇가 제방 둑으로 달려갔습니다. 제방 둑에 이르렀을 때 버스가 저만치 가고 있었습니다. 나는 은빈이가 볼지도 몰라 손을 흔들며 큰 소리로 외쳤습니다.

"은빈아, 잘 가! 나중에 꼭 편지해!"

내 목소리가 들리지 않는다는 걸 알면서도 계속해서 외쳐댔습니다. 버스는 저 멀리 꼬리를 감추고 사라졌습니다. 나는 털썩 주저앉았습니다. 내 눈에서는 눈물이 주르르 흘러내렸습니다.

"으, 은빈아, 잘 가."

이렇게 중얼거리며 한참을 제방 둑에 앉아 있었습니다. 해가 지고 어둠이 밤안개처럼 내리고서야 집으로 돌아왔습니다. 그때가 열세 살 내 인생에서 가장 슬픈 날이었습니다.

54년의 세월이 흐른 지금까지 은빈이의 소식을 한 번도 들은 적이 없습니다. 그녀도 어딘가에서 잘살고 있을 것입니다. 그녀와의 만남은 이루어지지 않았지만 그 시절 그때의 추억은 내 마음에 오롯이 살아 있습니다. 사람은 추억을 먹고 사는 동물이지요. 추억만으로도 얼마든지 행복할 수 있다는 것은 인간만이 누리는 축복입니다. 앞의 시는 그때의 기억을 떠올리며 쓴 시입니다. 이 시가 아름다운 추억을 간직한 채 살아가는 이들에게 한 편의 소중한 선물이었으면 합니다.

해가 산마루에 저물어도

_ 김소월

해가 산마루에 저물어도
내게 두고는 당신 때문에 저뭅니다.

해가 산마루에 올라와도
내게 두고는 당신 때문에 밝은 아침이라고 할 것입니다.

땅이 꺼져도 하늘이 무너져도
내게 두고는 끝까지 모두 다 당신 때문에 있습니다.

다시는, 나의 이러한 맘뿐은, 때가 되면,
그림자같이 당신한테로 가오리다.

오오, 나의 애인이었던 당신이여.

이 시의 시적 화자는 모든 것이 온통 '당신'에게, 즉 '사랑하는 사람'에게 맞춰져 있습니다. 그러한 시적 화자의 심정을 김소월 시인은 "해가 산마루에 저물어도 / 내게 두고는 당신 때문에 저뭅니다. // 해가 산마루에 올라와도 / 내게 두고는 당신 때문에 밝은 아침이라고 할 것입니다. // 땅이 꺼져도 하늘이 무너져도 / 내게 두고는 끝까지 모두 다 당신 때문에 있습니다'라고 간결하면서도 평이한 시어로 담백하게 표현합니다. 그리고 '때가 되면, 그림자같이 당신한테로 가오리다"라는 표현에서 시적 화자가 얼마나 상대를 사랑하는지를 잘 알게 합니다. 시적 화자로부터 이런 사랑을 받는 사람은 얼마나 행복할까요. 참으로 넘치는 사랑이 아닐 수 없습니다.

이 시처럼 김소월 시인의 시는 대개가 쉽고 간결하지요. 그럼에도 그 어느 누구도 범접할 수 없는 그만의 시적 성취가 있는 것은 왜일 까요. 그것은 바로 김소월만의 표현력에 있습니다. 쉽고 간결하지 만 아무나 흉내 낼 수 없는 그만의 표현법은 과거의 모든 시인이나 현존하는 시인 중에서도 그를 최고의 자리에 오르게 했지요.

혹자는 우리나라 최고의 시인을 공공연하게 '백석'이라고 하지만, 나는 누가 뭐래도 제일 윗자리에 김소월 시인을 올립니다. 그리고 윤동주, 백석, 한용운 등을 꼽지요. 물론 이는 어디까지나 내가 보는 관점이지만, 언젠가 우리나라 최고의 시인을 누구라고 생각하느냐 는 설문조사에서도 김소월 시인이라는 답이 가장 많이 나온 걸 보 면 우리나라 국민들 또한 나와 생각이 같은 것 같습니다.

좋은 시를 많이 읽어야 합니다. 좋은 시는 마음의 자양분이 되어 우리를 자라게 하고, 상상력을 틔워주는 가장 아름다운 언어의 양 식이기 때문입니다.

행복

_ 유치환

사랑하는 것은
사랑을 받느니보다 행복하나니라
오늘도 나는
에메랄드빛 하늘이 환히 내다뵈는
우체국 창문 앞에 와서 너에게 편지를 쓴다

행길을 향한 문으로 숱한 사람들이
제각기 한 가지씩 생각에 족한 얼굴로 와선
총총히 우표를 사고 전보지를 받고
먼 고향으로 또는 그리운 사람께로
슬프고 즐겁고 다정한 사연들을 보내나니

세상의 고달픈 바람결에 시달리고 나부끼어
더욱더 의지 삼고 피어 헝클어진 인정의 꽃밭에서
너와 나의 애틋한 연분도
한 망울 연연한 진홍빛 양귀비꽃인지도 모른다

사랑하는 것은
사랑을 받느니보다 행복하나니라
오늘도 나는 너에게 편지를 쓰나니

그리운 이여, 그러면 안녕!
설령 이것이 이 세상 마지막 인사가 될지라도
사랑하였으므로 나는 진정 행복하였네라

유치환 시인의 시 〈행복〉을 읽고 나면 진정한 행복이 무엇인지에
대해 알게 됩니다. 사람들은 대개 사랑하는 이로부터 사랑받을 때
더 큰 행복을 느낀다고 생각합니다. 그래서 사랑하는 이로부터 더
많은 사랑을 받으려고 하지요. 그런데 유치환 시인은 사랑받을 때
보다 줄 때 더 행복하다고 말합니다. 내 사랑을 사랑하는 이에게 준
다는 것은 나를 주는 것과 같습니다. 내 사랑, 내 마음, 내 생각까지
도 사랑하는 사람에게 주는 것이니까요.

사랑하는 이에게 사랑을 주면 더 큰 행복과 삶의 기쁨을 누리게
된다는 이 시의 의미는 그래서 더욱 사람들의 공감을 얻기에 충분
합니다. 이는 비단 사랑하는 사람에게서만은 아닙니다. 나하고 상

관없는 사람들에게 사랑을 베풀었을 때 느끼는 행복 또한 매우 크지요. 봉사활동을 하거나 남을 도와주었을 때 느끼는 그 기분은, 느껴본 사람이 아니고서는 도저히 알 수 없는 감정이니까요. 왠지 모르게 마음이 환해지며 가슴 저 깊은 곳으로부터 기쁨이 뭉게구름처럼 솔솔 피어오르는 것을 느끼게 되는데, 이것이 바로 남에게 베푼 사랑에 대한 대가라고 할 수 있지요. 그러니까, 내가 베푸는 사랑은 곧 자신을 행복하게 하는 아름다운 축복의 행위입니다.

이 시의 구절처럼, 사랑을 주는 것이 받는 것보다 더 큰 행복을 줍니다. 사랑하는 이에게, 혹은 어려움에 처한 누군가에게 먼저 다가가 손을 내밀 수 있는 마음, 그렇게 사랑을 베푸는 능동적인 삶이야말로 가장 아름다운 삶입니다. 진정한 행복을 바란다면 먼저 사랑을 주세요. 그것은 결국 나 자신을 가장 빛나게 하는, 아름답고 가치 있는 일이기 때문입니다.

향수

_ 정지용

넓은 벌 동쪽 끝으로
옛이야기 지즐대는 실개천이 휘돌아 나가고,
얼룩백이 황소가
해설피 금빛 게으른 울음을 우는 곳,

그 곳이 차마 꿈엔들 잊힐 리야.

질화로 재가 식어지면
비인 밭에 밤바람 소리 말을 달리고,
엷은 졸음에 겨운 늙으신 아버지가
짚베개를 돋아 고이시는 곳,

그 곳이 차마 꿈엔들 잊힐 리야.

흙에서 자란 내 마음
파아란 하늘 빛이 그리워
함부로 쏜 화살을 찾으려
풀섶 이슬에 함추름 휘적시던 곳,

그 곳이 차마 꿈엔들 잊힐 리야.

전설바다에 춤추는 밤물결 같은
검은 귀밑머리 날리는 어린 누이와
아무렇지도 않고 예쁠 것도 없는
사철 발 벗은 아내가
따가운 햇살을 등에 지고 이삭 줍던 곳,

그 곳이 차마 꿈엔들 잊힐 리야.

하늘에는 성근 별
알 수도 없는 모래성으로 발을 옮기고,
서리 까마귀 우지짖고 지나가는 초라한 지붕,
흐릿한 불빛에 돌아앉아 도란도란거리는 곳,

그 곳이 차마 꿈엔들 잊힐 리야.

이 시는 테너 박인수와 가수 이동원이 함께 부른 노래 덕분에 널리 알려졌습니다. 〈향수〉의 멜로디를 만든 이는 대중가요 작곡가인 김희갑입니다. 처음 이 노래를 들었을 때 어떻게 이처럼 멋진 곡을 썼나 하는 생각에 자료를 찾아본 적이 있습니다. 시 〈향수〉가 담고 있는 의미를 너무도 잘 살린 수준 높은 곡입니다.

〈향수〉는 정지용 시인이 한국전쟁 당시 납북되었다는 이유로 출판과 사용이 금지되었다가, 1988년 납북과 월북 작가에 대한 해금 조치로 작품집 출판과 사용이 자유로워졌지요. 이토록 아름다운 시가 오랫동안 묻혀 있었다는 것은 참으로 불행하고 안타까운 일이지만, 그랬기에 더욱 값진 작품으로 평가받고 있습니다.

시 〈향수〉는 고향에 대한 짙은 서정이 아름답고 토속적인 시어 덕분에 더욱 빛을 발하지요. 이를 잘 알게 하는 것이 "얼룩백이 황소가 / 해설피 금빛 게으른 울음을 우는 곳"이라든가 "풀섶 이슬에 함추름 휘적시던 곳"이라든가 "하늘에는 성근 별 / 알 수도 없는 모래성으로 발을 옮기고"라는 표현인데, 이로 인해 〈향수〉는 읽는 이의 마음 깊이 감동을 불러일으킵니다.

그래서일까요. 이 시를 읽고 나면 누구나 한결 더 고향을 그리워하고, 그 따스한 품을 사랑하게 됩니다. 이렇게 마음을 울리는 시가 우리 곁에 있다는 건, 참으로 아름다운 행복이자 축복입니다.

별 헤는 밤

_윤동주

계절이 지나가는 하늘에는
가을로 가득 차 있습니다.

나는 아무 걱정도 없이
가을 속의 별들을 다 헤일 듯합니다.

가슴 속에 하나 둘 새겨지는 별을
이제 다 못 헤는 것은
쉬이 아침이 오는 까닭이요,
내일 밤이 남은 까닭이요,
아직 나의 청춘이 다하지 않은 까닭입니다.

별 하나에 추억과
별 하나에 사랑과
별 하나에 쓸쓸함과
별 하나에 동경과
별 하나에 시와
별 하나에 어머니, 어머니,

어머님, 나는 별 하나에 아름다운 말 한 마디씩 불러봅니다.
소학교 때 책상을 같이 했던 아이들의 이름과, 패佩, 경鏡, 옥玉
이런 이국 소녀들의 이름과, 벌써 애기 어머니가 된 계집
애들의 이름과, 가난한 이웃 사람들의 이름과, 비둘기, 강
아지, 토끼, 노새, 노루, '프랜시즈 잼', '라이너 마리아 릴케'
이런 시인의 이름을 불러봅니다.

이네들은 너무나 멀리 있습니다.
별이 아스라이 멀듯이,

어머님,
그리고 당신은 멀리 북간도에 계십니다.

나는 무엇인지 그리워
이 많은 별빛이 내린 언덕 위에
내 이름자를 써 보고
흙으로 덮어 버리었습니다.

딴은 밤을 새워 우는 벌레는
부끄러운 이름을 슬퍼하는 까닭입니다.

그러나 겨울이 지나고 나의 별에도 봄이 오면
무덤 위에 파란 잔디가 피어나듯이
내 이름자 묻힌 언덕 위에도
자랑처럼 풀이 무성할 거외다.

시
인
의

시

이
야
기

집을 떠나 머나먼 객지에서 생활하다 보면 사랑하는 어머니부터 고향의 보잘것없는 것까지 다 그립고 보고 싶지요. 하물며 자식을 사랑하는 어머니는 오죽할까요. 그래서일까, 시 〈별 헤는 밤〉을 읽고 나면 가슴 저 밑바닥으로부터 슬픈 눈물 같은 그리움이 솟구쳐 오릅니다. 고향을 떠나 사랑하는 어머니를 그리워하는 시인의 절절함에 목이 메는 까닭이지요.

윤동주 시인은 북간도에 계시는 어머니를 그리워하며 어린 시절 함께 공부했던 친구들, 패, 경, 옥이라는 이국 소녀들, 벌써 애기 어머니가 된 계집애들, 가난한 이웃 사람들은 물론이거니와 하다못해 비둘기, 강아지, 토끼, 노새, 노루까지도 그리워합니다. 게다가 자신이 읽었던 '프랑시스 잠(Francis Jammes)', '라이너 마리아 릴케 (Rainer Maria Rilke)' 같은 시인까지도 그리워 이름을 불러보는 그 심정은 얼마나 사무칠까요.

어린 시절 이 시를 읽고 "별 하나에 추억과 / 별 하나에 사랑과 / 별 하나에 쓸쓸함과 / 별 하나에 동경과 / 별 하나에 시와 / 별 하나에 어머니, 어머니" 하며 외우던 생각이 나는군요. '별'이 주는 맑고 투명한 이미지는 '사랑', '그리움'이란 정서와 너무도 잘 어울려 이 시는 더더욱 그리움에 대한 정서를 깊이 각인시킵니다.

하지만 이 시는 단순히 그리움만을 노래하지 않습니다. 식민지의 어둠을 딛고 반드시 광복을 이루겠다는 시인의 강한 의지와 시대정신이 고스란히 담겨 있습니다. 시인이 그토록 염원하던 대로, 오늘의 대한민국은 마침내 세계 속에서 당당히 빛나는 나라로 우뚝 섰습니다. 윤동주 시인, 그는 가고 없지만 그가 남긴 절절한 시는 오늘 밤도 누군가의 가슴에 '별'이 되어 반짝이며 빛나고 있습니다.

세월이 가면

_ 박인환

지금 그 사람 이름은 잊었지만
그 눈동자 입술은
내 가슴에 있네.

바람이 불고
비가 올 때도
나는
저 유리창 밖 가로등
그늘의 밤을 잊지 못하지.

사랑은 가고 옛날은 남는 것
여름날의 호숫가 가을의 공원
그 벤치 위에
나뭇잎은 떨어지고
나뭇잎은 흙이 되고
나뭇잎에 덮여서
우리들 사랑이
사라진다 해도

지금 그 사람 이름은 잊었지만
그 눈동자 입술은
내 가슴에 있네.

내 서늘한 가슴에 있네.

박인환의 빛바랜 사진을 보면 〈말테의 수기〉로 유명한 체코 출신
의 오스트리아 시인인 라이너 마리아 릴케의 얼굴이 겹쳐 보이곤
합니다. 비록 사진이지만 얼굴형이라든가, 분위기가 릴케를 닮은
점이 있는 까닭입니다. 박인환은 〈목마와 숙녀〉로 잘 잘려진 시인
으로, 그 시절에도 꽤 도시적인 분위기를 지닌 낭만을 아는 멋쟁이
였지요. 또한 그는 미군 부대에서 나온 담요와 같은 천으로 손수 코
트를 만들어 입을 정도로 패션 감각이 뛰어났다는 일화도 있을 만
큼 스타일리스트이기도 했습니다.

그의 친구인 시인 김수영은 박인환의 도시적인 스타일과 낭만풍
의 시를 그리 좋아하지 않았다고 합니다. 김수영은 1960년 4·19혁

명을 겪은 경험을 바탕으로 이후 군사 독재에 항거하는 민중을 '풀'로 비유하여 쓴 〈풀〉의 시인으로 유명한데, 참여시를 쓰는 그에게 박인환의 일거수일투족은 못마땅할 수도 있었을 것입니다. 하지만 독자들이나 다른 사람들은 박인환을 그렇게 바라보지 않습니다. 무엇이든 한쪽으로 지나치게 치우치면 그리 좋을 게 없습니다. 자칫 그로 인해 자기만 옳다는 아집에 빠지게 되고 진실을 왜곡할 수도 있으니까요.

사랑하는 이의 이름은 잊히고 지금 자신 곁에 없지만, 그 눈동자와 입술은 가슴에 남아 있다는 표현에는 시적 화자의 절절한 그리움이 그대로 담겨 있습니다. 이 시는 1970년대 초 가수 박인희가 노래로 불러 큰 인기를 끌며 널리 알려졌지요. 가슴을 잔잔히 적시는 서정적인 시어와 박인희의 부드럽고 감미로운 목소리가 조화롭게 어우러지며 사람들의 가슴을 감동으로 가득 채웠습니다.

박인환은 서른의 짧은 생을 마감했지만, 그의 시는 여전히 우리 곁에 머물며 지친 마음에 서정의 이슬비를 내려주고 있습니다.

갈대

_ 신경림

언제부턴가 갈대는 속으로
조용히 울고 있었다.
그런 어느 밤이었을 것이다.
갈대는 그의 온몸이 흔들리고 있는 것을 알았다.

바람도 달빛도 아닌 것
갈대는 저를 흔드는 것이
제 조용한 울음인 것을
까맣게 몰랐다.

– 산다는 것은 속으로 이렇게
조용히 울고 있는 것이란 것을
그는 몰랐다.

오래전 충청북도 단양을 지나던 중 붉게 지는 노을이 하도 예뻐 차를 길가에 세우고 한참을 바라보았던 적이 있습니다. 유유히 흐르는 남한강은 노을빛에 붉게 물들고, 강변엔 갈대들이 하얗게 흔들리고 있었지요. 바람이 부는 대로 한 치의 오차도 없이 몸을 흔드는 갈대들의 춤사위가 마치 어느 드라마에서 본 궁중의 무녀들 같았습니다. 그 모습이 어찌나 아름답던지 넋을 놓고 바라보았지요.

갈대는 바람에 흔들릴지언정 꺾이지 않습니다. 바람의 흐름에 따라 흔들리면서 오히려 바람을 이겨내기 때문이지요.

시인은 언젠가부터 갈대가 속으로 울고 있었고 저를 흔드는 것이 조용한 '울음'인 줄 까맣게 몰랐다고 말하며, 산다는 것은 속으로 조용히 우는 것이라는 사실을 말합니다.

시 〈갈대〉를 통해 사람은 누구나 마음속으로 울고 있으며, 그 울음에 흔들리면서도 길을 걸어가고, 조용히 울음을 삼키며 살아간다는 사실을 느끼게 합니다. 여기서 울음은 부정적인 이미지의 슬픔이 아니라, 나를 살아가게 하는 '힘'을 말하지요.

신경림 시인은 갈대의 속성을 시 〈갈대〉로 형상화하여 삶의 의미를 이야기합니다. 그 어떤 삶 앞에서도 우리는 흔들릴지언정 쓰러지지 말아야 합니다. 비록 울음을 울더라도 저마다의 삶을 살아야겠습니다.

내가 만난 사람은 모두 아름다웠다

_ 이기철

잎 넓은 저녁으로 가기 위해서는
이웃들이 더 따뜻해져야 한다
초승달을 데리고 온 밤이 우체부처럼
대문을 두드리는 소리를 듣기 위해서는
채소처럼 푸른 손으로 하루를 씻어놓아야 한다
이 세상에 살고 싶어서 별을 쳐다보고
이 세상에 살고 싶어서 별 같은 약속도 한다
이슬 속으로 어둠이 걸어 들어갈 때
하루는 또 한번의 작별이 된다
꽃송이가 뚝뚝 떨어지며 완성하는 이별
그런 이별은 숭고하다

사람들의 이별도 저러할 때
하루는 들판처럼 부유하고
한 해는 강물처럼 넉넉하다
내가 읽은 책은 모두 아름다웠다
내가 만난 사람도 모두 아름다웠다
나는 낙화만큼 희고 깨끗한 발로
하루를 건너가고 싶다
떨어져서도 향기로운 꽃잎의 말로
내 아는 사람에게
상추잎 같은 편지를 보내고 싶다

이 시를 읽고 나면 가슴속에서 맑은 시냇물이 졸졸 흐르는 것 같습니다. 어찌나 마음이 맑아지고 따뜻해지는지 이루 말할 수 없는 행복의 물결로 가득 넘쳐납니다. 한 편의 시가 이처럼 사람의 마음에 감동을 줄 수 있다니!

　시구 하나하나가 비단결처럼 너무도 곱고 아름다운 시어로 잘 짜여 있지요. 이런 시를 쓸 수 있다는 것은 시인으로서 대단한 긍지를 느끼게 할 것입니다. 또 이 시를 쓴 시인은 온유하고 정이 넘치는 마음의 소유자일 거라는 생각이 듭니다. 그렇지 않고서는 이런 시를 절대로 쓸 수 없습니다.

이 시의 특징은 샘물처럼 맑고 깨끗한 서정이 시 전체를 관통하고 있다는 것입니다. 이 세상에 살고 싶어 별을 쳐다보고 별 같은 약속을 한다는 표현에서 시인은 이 세상을 너무도 사랑한다는 것을 알 수 있습니다. 이런 마음으로 산다면 그 어떤 시련이 다가와도 능히 이겨내어 스스로를 행복하게 하리라 여겨집니다. 그리고 시인은 말합니다. 내가 읽은 책과 내가 만난 사람은 모두 아름다웠다, 라고. 얼마나 의연하게도 삶을 달관한 자세인가요. 이는 삶을 너무도 아끼고 사랑하는 사람만이 할 수 있는 표현이지요.

참 아름답도록 멋지고 넉넉한 시가 아닐 수 없습니다.

세상을 만드신 당신께

_박경리

당신께서는 언제나
바늘구멍만큼 열어주셨습니다.
그렇지 않았다면
어떻게 살았겠습니까.

이제는 안 되겠다
싶었을 때도
당신이 열어주실
틈새를 믿었습니다.
달콤하게
어리광부리는 마음으로

어쩌면 나는
늘 행복했는지
행복했을 것입니다.
목마르지 않게
천수天水를 주시던 당신
삶은 참 아름다웠습니다.

대개의 사람은 소설가 박경리를 대하소설《토지》와 오래전 드라마로 방영되었던《김약국의 딸들》을 쓴 소설가로만 알고 있습니다. 하지만 박경리 작가는 시집《우리들의 시간》,《버리고 갈 것만 남아서 참 홀가분하다》,《슬픔도 기쁨도 왜 이리 찬란한가》를 낸 시인이기도 합니다. 박경리의 시는 시적 테크닉, 즉 기교를 부리지 않고 난해하지 않은 평이하고 담백한 시어로 쓰여 독자들이 부담 없이 읽을 수 있습니다.

내가 박경리 선생을 처음 뵌 것은 지금으로부터 24년 전, 원주 토지문화관 옆에 집을 짓고 생활하시던 때였습니다. 그곳을 방문했을 당시, 선생은 마침 밭에서 풀을 뽑고 계셨습니다. 나는 인사를 드리고 "힘들지 않으세요?" 하고 물었더니 "늘 하는 일이라서 그렇게 힘든 줄 몰라요"라며 웃으셨습니다. 직접 본 인상은 작은 체구에 단아하면서도 굳은 의지가 한눈에 느껴졌습니다. 뭐랄까, 범접할 수 없는 기운이 흐른다고나 할까, 아무튼 그랬습니다. 아마 그랬기에 26년간의 집필 기간과 4만여 장의 육필 원고지 분량의《토지》를 쓰지 않았을까 합니다. 한마디로 거인(巨人)이었다고 할 수 있습니다.

〈세상을 만드신 당신께〉는 당신이 살아오는 동안 알게 모르게 어려움이 있을 때마다 의지했던, 그리고 길을 열어주던 하나님에 대한 감사함이 잘 드러난 시로, 평이한 시어로 쓴 시지만 시적 울림이 깊습니다. 이런 시를 '무기교의 시'라고 합니다. 기교를 부린 시보다 더 깊은 울림을 주는 이유는, 마음으로 곧장 스며들어 자연스럽게 느껴지기 때문입니다.

박경리 선생이 그랬듯이 어려움이 있을 땐 이 시를 읽으며 위로와 용기를 얻었으면 합니다.

어느 무신론자의 기도 2

_ 이어령

당신을 부르기 전에는
아무 소리도 들리지 않았습니다.
당신을 부르기 전에는
아무 모습도 보이지 않았습니다.
하지만 이제 압니다.
어렴풋이 보이고 멀리에서 들려옵니다.

어둠의 벼랑 앞에서
내 당신을 부르면
기척도 없이 다가서시며
"네가 거기 있었느냐"
"네가 그동안 거기 있었느냐"고
물으시는 목소리가 들립니다.

달빛처럼 내민 당신의 손은
왜 그렇게도 야위셨습니까.
못자국의 아픔이 아직도 남으셨나이까.
도마에게 그렇게 하셨던 것처럼 나도
그 상처를 조금 만져볼 수 있게 하소서.
그리고 혹시 내 눈물방울이 그 위에 떨어질지라도
용서하소서.

아무 말씀도 하지 마옵소서.
여태까지 무엇을 하다 너 혼자 거기에 있느냐고
더는 걱정하지 마옵소서.
그냥 당신의 야윈 손을 잡고
내 몇 방울의 차가운 눈물을 뿌리게 하소서.

우리나라 문단에서 탁월한 평론가이자 해박한 지식을 지닌 달변
가로 유명했던 이어령은 살아생전 많은 사람에게 주목받았지요. 그
는 교수, 언론인, 저술가, 국어국문학자로 깊은 인상을 주었습니다.

이 글을 쓰자니 텔레비전에서 자신이 지닌 지식을 맘껏 발휘하며
열변을 토하던 그의 모습이 마치 어제 일처럼 다가옵니다. 이어령
의 유고 시집《헌팅턴비치에 가면 네가 있을까》를 읽고 얼마나 마
음이 아프던지 시집을 덮고 한동안 아무 생각도 할 수 없었습니다.
외동딸을 잃은 아픔을 쓴 시집으로 딸에 대한 아버지의 절절한 그
리움과 슬픔이 때론 절제된 시어로, 때론 가감 없는 시어로 표현되
어 그의 슬픔이 그대로 느껴졌기 때문입니다.

그의 인상적인 또 다른 시집은《어느 무신론자의 기도》인데, 그가 무신론자로 살아오다가 기독교를 받아들임으로써 하나님을 마음으로 모시는, 말하자면 믿음자로서 마음이 잘 나타난 시집이지요. 그가 이 시집을 펴낸 것은 신의 존재를 외면한 채 이성적으로 지적 작업에만 몰두해온 자신의 오만함과 무지함을 믿음의 관점, 즉 신자로서 참회하기 위해서입니다. 이 시집은 그러한 그의 마음이 잘 나타난 잠언 시집이라고 할 수 있습니다.

시 〈어느 무신론자의 기도 2〉는 이러한 이어령의 마음이 잘 나타난 시로, 그 또한 사람이기에 예수님에게 의지하고픈 마음이 그만큼 컸던 것이지요. 이 시를 읽고 그의 마음을 느끼게 된다면 삶을 좀더 진중하게 감사하며 살고 싶은 마음이 새록새록 돋아날 겁니다.

편안한 사람

_문정희

오후가 되면
어김없이
햇살이 찾아드는 창가

오래전부터 거기 놓여 있는
의자만큼
편안한 사람과
차를 마신다

순간인 듯
바람이 부서지고

낮은 목소리로 다가드는 차맛은
고뇌처럼 향기롭기만 하다

두 손으로 받쳐 들어도
온화한 찻잔 속에서
잠시 추억이 맴돈다

이제 어디로 가야 할까?
우리가 이렇게 편안한 의자가 되고
뜨거웠던 시간이
한 잔의 차처럼 조용해진 후에는……

오후가 되면
어김없이 햇살이 찾아드는 창가
편안한 사람과 차를 마신다

시
인
의

시

이
야
기

이 시를 읽고 나서 남들에게 나는 과연 어떤 사람일까, 어떤 모습으로 비칠까, 라는 생각이 문득 들었습니다. 솔직히 나는 그리 편안해 보이는 인상은 아닙니다. 깐깐하고 날카로운 외모 탓에, 처음 보는 사람들은 종종 나를 차가운 사람으로 느낀다고 말하곤 합니다. 그래서 속이 상할 때도 있고 억울할 때도 있습니다. 생김새와 다르게 나는 부드럽고 따뜻한 면도 많습니다. 그럼에도 차가워 보이는 외모로 인해 오해 아닌 오해를 감수해야만 합니다. 나는 이 시를 읽고 '편안한 사람'에 대해 나름대로 규정해보았는데 이런 사람이 아닐까, 합니다.

오랜 의자같이 낡아서 오히려 다정한 사람

내 몸 구석구석을 모두 알아버린

헐렁해지고 축 늘어진 옷처럼 부담스럽지 않은 사람

무슨 말을 해도 다 받아주며 허허허 호호호 웃어넘기는 사람

한여름 무더운 날 동구 밖 푸른 느티나무같이 속이 넉넉한 사람

등 기대어 편히 쉴 수 있는 벽처럼 든든한 사람

그저 바라보고만 있어도 마음이 고요해지고 넉넉해지는 사람

시골집 뒤란 장독대 펑퍼짐한 막장항아리처럼

둥글둥글한 마음을 가진 사람

그 무슨 말이라도 군소리 없이 다 들어줄 것만 같은 사람

함께하는 것만으로도 그냥 즐겁고

없으면 두고두고 생각나는 그리운 사람

이런 사람이 곁에서 웃고 있다면 나의 모두를 걸고 싶습니다. 아니, 나의 모두를 다 바치고 싶습니다. 그가 누우라면 눕고 서라면 서고 웃으라면 웃고 가라면 가고 오라면 한달음에 달려가고 싶습니다.

나도 낡고 오래된 의자처럼, 등 기대고 편히 쉴 수 있는 벽처럼 누군가에게 편안한 사람이 되고 싶습니다. 사랑이 되고 싶습니다.

섬섬이 보이는 방

서귀포 언덕 위 초가 한 채
귀퉁이 고방을 얻어
아고리와 발가락군은 아이들을 키우며 살았다
두 사람이 누우면 꽉 찰,
방보다는 차라리 관에 가까운 그 방에서
게와 조개를 잡아먹으며 살았다
아이들이 해변에서 묻혀온 모래알이 버석거려도
밤이면 식구들의 살을 부드럽게 끌어안아
조개껍데기처럼 입을 다물던 방,
게를 삶아 먹은 게 미안해 게를 그리는 아고리와
소라껍데기를 그릇 삼아 상을 차리는 발가락군이
서로의 몸을 끌어안던 석회질의 방,
방이 너무 좁아서 그들은
하늘로 가는 사다리를 높이 가질 수 있었다

꿈 속에서나 그림 속에서
아이들은 새를 타고 날아다니고
복숭아는 마치 하늘의 것처럼 탐스러웠다
총소리도 거기까지는 따라오지 못했다
섬섬이 보이는 이 마당에 서서
서러운 햇빛에 눈부셔 한 날 많았더라도
은박지 속의 바다와 하늘,
게와 물고기는 아이들과 해질 때까지 놀았다
게가 아이의 잠지를 물고
아이는 물고기의 꼬리를 잡고
물고기는 아고리의 손에서 파닥거리던 바닷가,
그 행복조차 길지 못하리라는 걸
아고리와 발가락군은 알지 못한 채 살았다
빈 조개껍데기에 세 든 소라게처럼

박수근과 더불어 우리나라를 대표하는 화가, 이중섭(李仲燮).

그는 일본인 아내와 아이들과 함께 제주도 서귀포에서 한때를 보 낸 적이 있습니다. 그의 가족이 머물던 방은 두 사람이 눕기에도 비 좁을 만큼 협소했다고 전해집니다. 그럼에도 불구하고 그는 그곳에 서 아이들과 수영하고 게와 조개를 잡으며 행복한 시간을 보냈습니 다. 극심하게 가난했지만, 이때가 이중섭의 생애에서 가장 행복했 던 시절이었던 것입니다.

그러나 아내와 자녀들을 일본으로 떠나보낸 후 그의 생활은 완전 히 무너지고 말았습니다. 그는 가족에 대한 그리움을 이기지 못하고 폭음을 일삼곤 했습니다. 제대로 된 식사를 하지 못해 영양실조에 걸리고 병세가 나빠져 결국 그토록 그리워하던 가족을 다시 보지 못한 채 세상을 떠났습니다. 참으로 비통하고 애통한 일이 아닐 수 없습니다.

이 시 〈섶섬이 보이는 방〉은 이중섭이 가족과 함께 머물렀던 제주 서귀포의 집을 방문한 후 남긴 것입니다. 이 시를 읽으면 마치 한 편의 동화를 접하는 듯한 느낌이 듭니다. 인간의 가장 큰 소망은 행복한 삶을 누리는 것입니다. 행복은 인생을 즐겁고 기쁘게 만들기 때문입니다. 그렇기에 모든 사람은 행복해지기를 염원합니다. 이중섭이 비록 가난했지만 잠시나마 행복할 수 있었던 이유는 사랑하는 가족이 곁에 있었기 때문입니다.

하지만 그는 행복의 원천이었던 사랑하는 가족과 떨어져 살게 되면서 삶의 의욕을 잃었고 불행 속에서 여생을 보냈습니다. 이를 통해 우리는 행복의 가장 중요한 조건인 가족이 얼마나 소중한 존재인지를 다시금 되새겨보게 됩니다.

처음 가는 길

_도종환

아무도 가지 않은 길은 없다
다만 내가 처음 가는 길일 뿐이다
누구도 앞서가지 않은 길은 없다
오랫동안 가지 않은 길이 있을 뿐이다
두려워 마라 두려워하였지만
많은 이들이 결국 이 길을 갔다
죽음에 이르는 길조차도
자기 전 생애를 끌고 넘은 이들이 있다
순탄하기만 한 길은 길 아니다
낯설고 절박한 세계에 닿아서 길인 것이다

첫사랑, 첫눈, 첫 출근, 첫 등교 등 '처음'이라는 말에선 풋풋하고 상큼한 풀잎 냄새가 납니다. 처음이란 낱말엔 신선함, 새로움, 기대감 등의 의미가 담겨 있죠. 이 세상에 처음이라는 관문 없이 이루어진 것은 없습니다. 모든 일은 '시작'이라는 문을 열고 비로소 출발하는 법입니다.

그런데 많은 이들이 시작의 과정을 무시하고 충만한 결과만을 기다립니다. 이는 노력 없이 성과만을 얻으려는 어리석음에 가득 찬 태도라 할 수 있습니다. 자신이 진정 만족할 만한 결실을 얻고자 한다면, 그에 상응하는 노력을 기울여야 합니다. 쉽게 얻어지는 삶은 뿌리 없는 나무와 같아 행복의 진정성을 느낄 수 없습니다. 설령 느낀다고 하더라도 곧 싫증 나고 시들해질 것입니다.

새로운 시작을 두려워하는 사람들이 많은 듯합니다. 낯섦에서 오는 강박관념 탓이 큽니다. 하지만 가만히 생각해보십시오. 우리가 처음 걷는 길도 이미 누군가는 지나간 길입니다. 다만 이제 내가 그 길을 가고 있을 뿐입니다.

물론 처음 가는 길에는 누구나 두려움을 갖기 마련이지요. 그러나 보십시오. 자신의 삶에 충실한 사람은 그 두려움을 안고서도 기꺼이 그 길을 걸어갔습니다. 그리고 마침내 자신의 길을 완성해냈습니다.

그렇습니다. 처음 가는 길을 당당히 나아가야 합니다. 심지어 죽음에 이르는 길조차도 온 생을 바쳐 걸어간 이들이 있음을 기억한다면, 무엇이 우리를 주저하게 만들겠습니까. 결국, 길은 걸어가는 자를 위해 존재합니다.

메밀꽃

_ 김옥림

별빛이
쌓이는가 했더니
별이 아니야

달빛이
흩날리는가 싶더니만
그건
더욱 아니야

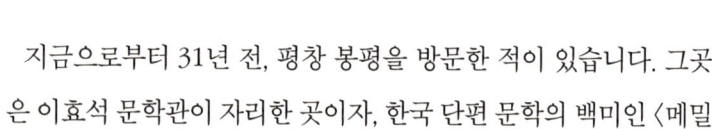

　지금으로부터 31년 전, 평창 봉평을 방문한 적이 있습니다. 그곳은 이효석 문학관이 자리한 곳이자, 한국 단편 문학의 백미인 〈메밀꽃 필 무렵〉의 배경이 되는 장소이기도 합니다.

　당시 그곳에 이르렀을 때, 메밀꽃이 들판을 한창 하얗게 뒤덮고 있었습니다. 한낮임에도 눈이 부실 만큼 새하얀 그 풍경에 그만 넋을 잃고 말았습니다. 그리고 그 순간, 메모지를 꺼내 글을 쓰기 시작했지요. 이 시 〈메밀꽃〉은 그렇게 하여 단숨에 세상에 나왔습니다.

　내 첫 시집 《나는 화장하는 여자가 좋다》에 수록되어 있는데, 작품을 다시 읽을 때마다 당시 가슴에 녹아 흐르던 깊은 감동을 다시금 느낍니다. 이처럼 깊은 감동에서 비롯된 그 '순간'은 영원처럼 오래 지속되며, 몸과 마음을 맑고 투명하게 해줍니다.

시는 마음의 본향입니다. 바로 그 이유로 우리는 시를 읽어야 합니다. 시를 읽어야 마음의 근본인 인간성을 잃지 않게 됩니다. 인간성을 간직한 마음은 맑고 투명한 호수와 같아서, 호수가 하늘, 별, 구름, 그리고 주변의 풍경을 고스란히 품어 안듯 모든 것을 받아들이면서도 순수함을 잃지 않습니다.

하지만 인간성을 상실하면 순수성 또한 잃게 되어 이기적이고 배려심이 없어지며, 탐욕으로 물들게 됩니다. 결국 자신과 타인에게 아픔과 고통을 안기는 결과를 낳습니다. 이럴 때 마음을 맑게 해주는 좋은 시 한 편을 읽는다면, 거칠고 메마른 마음을 따뜻한 감동으로 물들여 순수성을 되찾는 데 큰 도움이 됩니다.

돌담에 속삭이는 햇발

_ 김영랑

돌담에 속삭이는 햇발같이
풀 아래 웃음 짓는 샘물같이
내 마음 고요히 고운 봄 길 위에
오늘 하루 하늘을 우러르고 싶다.

새악시 볼에 떠오는 부끄럼같이
시의 가슴에 살포시 젖는 물결같이
보드레한 에메랄드 얇게 흐르는
실비단 하늘을 바라보고 싶다.

김영랑 시인은 시 〈모란이 피기까지는〉으로 잘 알려져 있습니다.
학창 시절 누구나 이 시를 배우고 암송했을 것입니다. 〈모란이 피기
까지는〉은 시적 화자가 모란이 피는 순간을 기다리는 태도를 통해
인간이 지닌 숭고한 신념을 찬미하고 있습니다.

시인이 이러한 인간의 의지를 〈모란이 피기까지는〉의 화자를 통
해 보여주었다면, 맑고 고운 시어로 빚은 또 다른 시 〈돌담에 속삭
이는 햇발〉은 읽는 이의 가슴을 한층 더 해맑고 행복하게 물들입니
다. 맑고 투명한 이미지가 가득한 이 작품을 읽고 나면, 안온하고 무
한한 서정의 빛 덕분에 시심(詩心)에 흠뻑 젖게 됩니다.

이같이 시는 사물을 경험하고 깨달은 바를 시적인 표현으로 나타내는 문학입니다. 〈돌담에 속삭이는 햇발〉은 시인이 바라본 돌담, 햇살, 풀, 샘물, 하늘 등 자연을 통해 느낀 다채로운 감정을 직유법을 활용하여 탁월하게 그려냅니다. 이러한 명시를 창작할 수 있는 것은 시인의 뛰어난 역량이며, 독자들에게는 더할 나위 없는 기쁨의 선물과도 같습니다.

삶이 고단하거나 지칠 때, 이처럼 좋은 시들을 읽어보십시오. 마음이 평안해져 다시 일어설 큰 힘을 얻게 될 것입니다.

풀잎

_박성룡

풀잎은
퍽도 아름다운 이름을 가졌어요.
우리가 '풀잎' 하고 그를 부를 때는,
우리들의 입속에서는 푸른 휘파람 소리가 나거든요.

바람이 부는 날의 풀잎들은
왜 저리 몸을 흔들까요.
소나기가 쏟아지는 날의 풀잎들은
왜 저리 또 몸을 통통거릴까요.

그러나 풀잎은
퍽도 아름다운 이름을 가졌어요.
우리가 '풀잎' '풀잎' 하고 자꾸 부르면,
우리의 몸과 맘도 어느덧
푸른 풀잎이 돼 버리거든요.

이 시를 처음 읽었을 때 그 느낌이 너무 좋아 계속 입속으로 '풀잎' 하고 되새기곤 했습니다. 계속 반복하자 마치 내 입에서는 풀피리 소리가 나는 듯했지요. 그리고 몸과 마음이 초록색으로 물들 듯 환해져 왔습니다. 참으로 맑고 경쾌하고 상큼한 시가 아닐 수 없습니다. 시인은 이러한 감정을 1연 3, 4행에서 이렇게 표현했지요.

　　우리가 '풀잎' 하고 그를 부를 때는,
　　우리들의 입속에서는 푸른 휘파람 소리가 나거든요.

　그리고 3연 3, 4, 5행에서는 이렇게 표현했답니다.

우리가 '풀잎' '풀잎' 하고 자꾸 부르면,
우리의 몸과 맘도 어느덧
푸른 풀잎이 돼 버리거든요.

라이너 마리아 릴케는 시를 정의하기를 "시는 체험이다"라고 했습니다. 그러니까 시는 자신이 직접 겪고 얻은 깨달음이나 느낌, 상상력에 의한 표현이라는 것이지요.

이 시는 시인이 겪은 시적 감정을 잘 살림으로써 시적 효과를 획득한 참 맑고 아름다운 시입니다. 이처럼 좋은 시를 읽는다는 것은 '마음의 보약'을 먹는 것과 같아 마음과 생각을 튼튼하게 해주고 건강한 삶을 살아가는 데 큰 도움을 준답니다.

달빛 가난

_ 김재진

지붕 위에도 담 위에도
널어놓고 거둬들이지 않은 멍석 위의
빨간 고추 위로도
달빛이 쏟아져 흥건하지만
아무도 길 위에 나와 있는 사람은 없습니다.
'아부지, 달님은 왜 산꼭대기에 올라가 있나요?'
'잠이 안 와서 그런 거지.'
'잠도 안 자고 그럼 우린 어디로 가요?'
'묻지 말고 그냥 발길 따라만 가면 된다.'
공동묘지를 지나면서도 무섭지 않았던 건
아버지의 눌변이 있었기 때문입니다.
'아부지 그림자가 내 그림자보다 더 커요.'
'근심이 크면 그림자도 큰 법이지.'
그날 밤 아버지가 지고 오던 궁핍과 달리
마을을 빠져나오며 나는
조금도 가난하지 않았습니다.

김재진 시인의 이름을 처음 알게 된 것은 오래전에 출간된 그의
시집《누구나 혼자이지 않은 사람은 없다》를 통해서였습니다. 그의
작품은 다른 시인들의 그것처럼 난해하지 않고, 멋을 부리지 않으
면서도 편안한 시어로 쓰여, 그를 주목하게 되었습니다.

좋은 문학은 읽는 이들이 쉽게 접하고 감동할 수 있어야 합니다.
겉치레나 특정 경향 혹은 사조에 얽매여 의미조차 파악하기 어려운
언어로 쓰인 글은 독자들에게 독주(毒酒)와 같습니다. 이는 사람들
이 문학에서 멀어지게 만드는 주요한 원인이 됩니다. 오늘날 대중
이 시를 외면하고 읽지 않는 현상 역시 바로 이 때문입니다.

그런 면에서 김재진의 작품 세계는 난해하고 거추장스러운 기조에서 벗어나 있으니, 독자들에게는 참으로 다행한 일입니다. 이 시 〈달빛 가난〉은 이러한 시인의 간결한 스타일이 잘 드러난 작품입니다.

달빛이 환하게 쏟아지는 밤, 아버지와 아들이 길을 걷고 있지만 주변에 다른 사람은 보이지 않습니다. 밤길을 걸어야만 하는 그들의 대화 속에서 어떤 사정이 느껴지는데, 그 이면에는 경제적 어려움이라는 그림자가 드리워져 있음을 짐작할 수 있습니다. 아들이 아버지의 그림자가 자신의 그림자보다 크다고 말하자, 아버지가 "근심이 크면 그림자도 큰 법이지"라고 답하는 시구가 이를 명확히 보여줍니다.

그런데 흥미로운 점은, 이 작품이 우울하거나 슬프지 않고 오히려 덤덤하면서도 정답게 느껴진다는 것입니다. 이는 달빛이 환하게 비추는 배경과 아버지와 아들의 꾸밈없는 대화가 주는 따스함 덕분일 것입니다. 〈달빛 가난〉은 힘든 상황에 놓인 아버지와 아들을 전혀 궁핍하게 느껴지지 않도록, 오히려 친근하게 다가오도록 만드는 시적 매력을 지닌 수작이라 평가하기에 부족함이 없습니다.

시계풀의 편지 4

_ 김승희

사랑이여.

나는 그대의 하얀 손발에 박힌

못을 빼주고 싶다.

그러나

못 박힌 사람은 못 박힌 사람에게로

갈 수가 없다.

　김승희 시인은 소설가이기도 합니다. 그녀의 대표 시집으로는
《태양미사》,《왼손을 위한 협주곡》,《달걀 속의 生》,《어떻게 밖으로
나갈까》등이 있으며, 소설로는《33세의 팡세》,《단 한 번의 노래 단
한 번의 사랑》,《그래도라는 섬이 있다》등이 있습니다.

　평단과 일각에서 김승희를 일컬어 '불의 여인', '언어의 테러리스
트'라고 부르는 것은 그녀의 작품이 지닌 시어와 표현 방식의 독특
한 색채에 기인합니다. 즉, 그녀가 추구하는 뚜렷한 문학적 경향에
서 비롯된 것입니다. 특히 그녀의 시는 철학적 사유를 기반으로 하
는 특성이 두드러지며, 그에 따른 어휘 선택과 표현에서 시인으로
서의 독창적인 개성이 빛을 발합니다.

그런데 작품 〈시계풀의 편지 4〉를 보면, 그녀 특유의 철학적 사유 경향에서 벗어나 조금 더 부드럽고 친근한 언어로 사랑을 이야기합니다. 사랑하는 사람의 손발에 박힌 못을 빼주고 싶어 하는 마음은 상대에 대한 헌신적인 사랑의 표현입니다. 하지만 못 박힌 사람은 못 박힌 사람에게로 갈 수 없다고 시는 말합니다. 이는 곧 고통을 겪는 이가 자신의 아픔 때문에 고통받는 연인에게 온전히 힘이 되어 줄 수 없다는 의미로 해석됩니다. 그럼에도 불구하고, 그 못을 빼주러 가는 행위가 바로 참된 사랑이라는 역설을 담고 있습니다. 이 작품은 반어적인 의미로 독자에게 사랑의 본질을 성찰하게 만듭니다.

그렇습니다. 사랑이란 내가 고통스러울지라도 사랑하는 이가 괴로움을 겪으면 그 고통을 먼저 덜어주려는 마음입니다. 그렇기에 사랑에는 아름다움과 헌신이 따르는 것입니다. 이 시가 많은 이들에게 사랑의 표본이 되기를 바랍니다.

해바라기의 비명碑銘

청년 화가 L을 위하여

_ 함형수

나의 무덤 앞에는 그 차가운 비碑돌을 세우지 말라.

나의 무덤 주위에는 그 노오란 해바라기를 심어 달라.

그리고 해바라기의 긴 줄거리 사이로 끝없는
보리밭을 보여 달라.

노오란 해바라기는 늘 태양같이 태양같이 하던
화려한 나의 사랑이라고 생각하라.

푸른 보리밭 사이로 하늘을 쏘는 노고지리가 있거든
아직도 날아오르는 나의 꿈이라고 생각하라.

함형수 시인은 1916년에 태어나 안타깝게도 1946년, 서른 살의 나이로 일찍이 세상을 떠났습니다. 그는 1936년에 결성된 문학 동인지《시인부락》의 창립 동인으로, 창간호에 〈해바라기의 비명〉과 〈홍도〉 등을 발표하며 문단에 발을 디뎠습니다. 그러나 그는 생전에 시집 한 권 남기지 못하고 짧은 생을 마쳤습니다.

김소월, 김영랑, 오장환, 권태응, 박인환 등과 같이 함형수 역시 뛰어난 문재(文才)를 지녔음에도 불구하고, 그 재능을 활짝 꽃피우지 못한 채 삶과 이별을 했던 것입니다. 작품 〈해바라기의 비명〉에서 '비명'은 무덤의 비석에 새기는 글을 의미하며, 이는 청년 화가 L의 소망과 의지를 상징합니다. 시적 화자는 그 청년 화가가 노란 해바라기처럼, 아니 태양처럼 강렬한 열정과 생의 활력으로 살아가기를 염원하고 있습니다. 시의 제목은 바로 그 염원을 상징적으로 드러낸 암시적 표현이라 할 수 있습니다.

좀 더 구체적으로 살펴보면 〈해바라기의 비명〉은 '죽음'이라는 차갑고 어두운 이미지를 대신하여 노오란 해바라기, 푸른 보리밭, 태양, 노고지리 등 밝은 이미지로 표현되었습니다. 이는 죽음이라는 절망을 넘어 강인한 생명 의지와 열정을 보여줍니다. 곧 육체적인 죽음을 초월하여 강렬한 생명력을 지속하고 싶은 열망을 표출한 것입니다. 마치 죽어서도 사라지지 않고 영원히 이어지기를 바라는 생명의 영속성을 의미하는 듯합니다.

산다는 것은, 살아 있다는 것은 그 자체만으로 무한한 축복입니다. 이 시는 생명의 고귀함과 삶에 대한 뜨거운 열망을 잘 담아낸 수작입니다.

내 마음은

_ 김동명

내 마음은 호수요,
그대 저어 오오.
나는 그대의 흰 그림자를 안고 옥같이
그대의 뱃전에 부서지리다.

내 마음은 촛불이요,
그대 저 문을 닫아 주오.
나는 그대의 비단 옷자락에 떨며, 고요히
최후의 한 방울도 남김없이 타오리다.

내 마음은 나그네요,
그대 피리를 불어 주오.
나는 달 아래 귀를 기울이며, 호젓이
나의 밤을 새이오리다.

내 마음은 낙엽이요,
잠깐 그대의 뜰에 머무르게 하오.
이제 바람이 일면 나는 또 나그네같이, 외로이
그대를 떠나오리다.

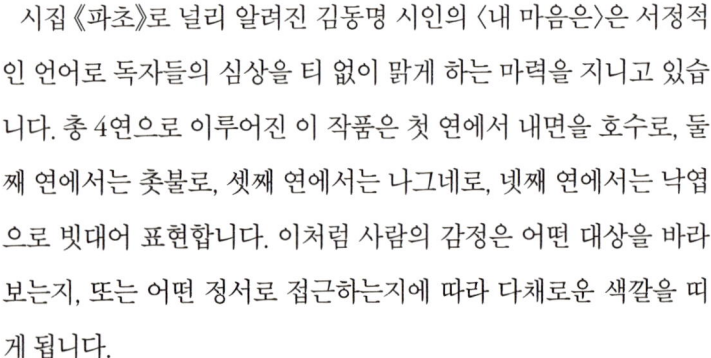

시인의 시 이야기

시집《파초》로 널리 알려진 김동명 시인의 〈내 마음은〉은 서정적인 언어로 독자들의 심상을 티 없이 맑게 하는 마력을 지니고 있습니다. 총 4연으로 이루어진 이 작품은 첫 연에서 내면을 호수로, 둘째 연에서는 촛불로, 셋째 연에서는 나그네로, 넷째 연에서는 낙엽으로 빗대어 표현합니다. 이처럼 사람의 감정은 어떤 대상을 바라보는지, 또는 어떤 정서로 접근하는지에 따라 다채로운 색깔을 띠게 됩니다.

이렇듯 김동명은 인간이 지닌 정서를 다양한 대상에 은유적으로 투영하여 내면의 감성을 자연스럽게 드러냅니다. 이 작품 속 화자의 심정이 이를 잘 대변하고 있습니다. 〈내 마음은〉은 가곡 〈내 마음〉으로 작곡되어 지금껏 널리 불리고 있습니다. 이 노래가 탄생하게 된 배경에는 다음과 같은 일화가 전해집니다.

1944년, 김동명의 초등학교 제자였던 작곡가 김동진은 스승의 이 작품을 무척 좋아하여 늘 읊조렸다고 합니다. 그러던 어느 날 문득 머릿속에 악상이 떠올랐고, 그는 하루 만에 곡을 완성했습니다. 이후 가곡 〈내 마음〉을 통해 원작인 〈내 마음은〉은 대중에게 더욱 알려졌으며, 시대를 초월하여 오늘날까지 우리 마음을 서정의 물결로 일렁이게 합니다.

독일의 철학자 마르틴 하이데거(Martin Heidegger)는 시를 "언어의 건축물"이라고 정의했습니다. 그의 관점에서 볼 때, 김동명의 〈내 마음은〉은 언어가 지은 아름다운 집이라 하기에 조금도 부족함이 없는 수작입니다.

어머니

_ 정한모

어머니는
눈물로
진주를 만드신다.

그 동그란 광택光澤의 씨를
아들들의 가슴에
심어 주신다.

씨앗은
아들들의 가슴속에서
벅찬 자랑
젖어드는 그리움
때로는 저린 아픔으로 자라나
드디어 눈이 부신
진주가 된다.
태양이 된다.

검은 손이여
암흑이 광명을 몰아내듯이
눈부신 태양을
빛을 잃은 진주로
진주를 다시 쓰린 눈물로
눈물을 아예 맹물로 만들려는
검은 손이여 사라져라.

어머니는
오늘도
어둠 속에서
조용히
눈물로
진주를 만드신다.

정한모 시인의 〈어머니〉를 읽을 때마다 어찌 이토록 시어를 탁월
하게 선택하고 배치했을까 하는 생각에 사로잡힙니다. 이는 예사롭
지 않은 시적 성찰이 아니고서는 표현하기 어려운 경지입니다.

어머니는
눈물로
진주를 만드신다.

이 구절은 작품의 핵심입니다. 자식들을 향한 헌신과 희생을 어찌
이리도 간결하면서도 깊은 울림으로 나타냈는지 감탄하게 됩니다.
실로 그러합니다. 어머니는 온갖 삶의 고통을 짊어지고도 늘 미소

지으며, 버들가지처럼 연약해 보이지만 태산을 품을 만큼 강한 힘과 태평양보다 넓은 사랑을 간직하고 있습니다. 이토록 강인하고 포용력이 넓은 것은, 자식과 가족을 향한 '사랑'이라는 위대한 헌신을 품고 있기 때문입니다.

나 또한 어머니의 한없는 사랑을 받고 성장했습니다. 연약한 몸으로 홀로 평생을 자식들을 위해 사셨고, 그토록 단아하고 고우시던 분은 10년 전 하나님의 부르심을 받아 귀천(歸天)하셨습니다. 살아생전 늘 자식들을 위해 기도하셨던 그분을 그리워하며 문득 시상이 떠올라 쓴 졸시(拙詩)를 소개해 드리고자 합니다. 이 작품을 정한모 시인의 시와 함께 감상한다면 어머니의 깊은 사랑을 온 마음으로 느끼기에 더없이 좋을 것입니다.

10월 늦은 밤

어둔 적막을 뚫고 가을비가 내린다.

10월 밤이 빗소리에 촉촉이 젖는다.

가슴이 평온해지며 머리가 맑아온다.

밤은 깊어 새벽으로 향하는데,

새벽이 빗소리에 젖어 몸을 뒤척인다.

저 맑고 깨끗한 푸른 고요가

어머니의 기도문처럼 정결하다.

　이 작품은 〈가을 기도문〉이라는 제목의 시입니다. 어머니께서 돌아가신 지 9년 되던 해 가을밤, 추적추적 내리던 빗소리가 마치 자식들을 위해 기도하시던 어머니의 나긋나긋한 음성처럼 들렸습니다. 그 순간 나는 펜을 들어 글을 쓰기 시작했고, 다 쓰고 나서 읽어 보니 마치 어머니가 내 곁에 함께 계신 듯한 따뜻한 느낌이 들었습니다. 이 시는 내 시집《꽃들의 반란》에 실려 있는 작품으로, 가끔 이 시를 펼쳐 그리운 어머니를 시 속에서 만나 뵙곤 합니다. 오래전 어머니의 목소리와 온기가 마음속에 조용히 되살아납니다.

　어머니란 말엔 눈물도 들어 있고, 고통도 들어 있고, 기쁨도 들어 있고. 슬픔도 들어 있고, 헌신과 희생도 들어 있고, 무변광대(無邊廣大)한 사랑도 들어 있습니다. 그래서 어머니란 말만 들어도 마음이 포근해지며, 무한한 행복을 느끼게 됩니다.

　어머니는 우주보다도 더 큰 우주입니다.
　어머니, 하늘나라에서는 자식들에 대한 걱정은 내려놓으시고, 하나님의 사랑 안에서 무한 행복하시길 기도드립니다.

어머니, 이 세상 다하도록 존경하고 사랑합니다.

목마와 숙녀

_ 박인환

한 잔의 술을 마시고
우리는 버지니아 울프의 생애와
목마를 타고 떠난 숙녀의 옷자락을 이야기한다.
목마는 주인을 버리고 거저 방울 소리만 울리며
가을 속으로 떠났다, 술병에서 별이 떨어진다.
상심한 별은 내 가슴에 가볍게 부서진다.
그러한 잠시 내가 알던 소녀는
정원의 초목 옆에서 자라고
문학이 죽고 인생이 죽고
사랑의 진리마저 애증愛憎의 그림자를 버릴 때
목마를 탄 사랑의 사람은 보이지 않는다.
세월은 가고 오는 것
한때는 고립을 피하여 시들어가고
이제 우리는 작별하여야 한다.
술병이 바람에 쓰러지는 소리를 들으며
늙은 여류 작가의 눈을 바라보아야 한다.

······등대燈臺······

불이 보이지 않아도

그저 간직한 페시미즘의 미래를 위하여

우리는 처량한 목마 소리를 기억하여야 한다.

모든 것이 떠나든 죽든

그저 가슴에 남은 희미한 의식을 붙잡고

우리는 버지니아 울프의 서러운 이야기를 들어야 한다.

두 개의 바위 틈을 지나 청춘을 찾은 뱀과 같이

눈을 뜨고 한 잔의 술을 마셔야 한다.

인생은 외롭지도 않고

그저 잡지의 표지처럼 통속通俗하거늘

한탄할 그 무엇이 무서워서 우리는 떠나는 것일까.

목마는 하늘에 있고

방울 소리는 귓전에 철렁거리는데

가을 바람 소리는

내 쓰러진 술병 속에서 목메어 우는데─

시
인
의 시 이
야
기

박인환의 〈목마와 숙녀〉를 읽을 때마다 맑은 햇살 아래 푸르게 빛
나는 초원을 걷는 듯한 벅찬 감흥에 빠지곤 합니다. 이처럼 멋스럽
고 유려한 작품을 접한다면 누구나 이런 생각에 공감하리라 믿습니
다. 우리나라 말이 지닌 표현의 미(美)를 한껏 발산하는 이 시적 성
취를 어찌 무덤덤하게 대할 수 있겠습니까. 그것은 작품에 대한 예
의가 아닐 것입니다.

그런데 일부 시를 쓰는 사람들 중에는 이 작품을 겉멋에 취한 시,
혹은 낭만적인 척하는 싸구려 감성의 글이라며 폄훼하곤 합니다.
이들 대부분은 참여시 계통의 시를 쓰거나, 난해하거나, 자기모순
에 빠져 시를 쓰곤 합니다. 그저 그럴듯한 이론서나 뒤적이며, 특정

사조에 얽매여 자신들만이 '진정한 문학'을 한다고 착각하는 것입니다. 우리 시단이 1970~1980년대 시의 르네상스 시대를 다시 맞이하기 위해서는 뼈를 깎는 깊은 성찰이 필요합니다.

문학 작품은 누구나 읽고 이해할 수 있도록 쉬운 시어로 간결하게 쓰여야 합니다. 그렇다고 해서 아무렇게나 써서는 안 됩니다. 쉬운 언어로도 깊은 의미를 드러낼 수 있어야 하며, 표현이 저속하지 않으면서 시적인 품격을 갖추어야 합니다. 즉, 평이한 언어로 쓰되 작품의 질이 떨어지지 않도록 해야 한다는 뜻입니다. 사실 이런 수준의 작품을 쓰는 것이 더 어렵습니다. 그럼에도 시인들은 시어를 쉬운 말로 다듬고 빚어내는 데 최선을 다해야 합니다. 이러한 측면에서 〈목마와 숙녀〉는 작품의 완성도와 품격을 모두 잘 갖춘 수작이라 할 수 있습니다.

이 작품에 등장하는 버지니아 울프(Virginia Woolf)는 영국 출신의 작가이자 비평가로, 최초의 페미니스트 중 한 명으로 평가받습니다. 그녀는 1915년 소설 《출항》을 발표했으며, 1925년 《댈러웨이 부인》으로 큰 인기를 누렸습니다. 〈목마와 숙녀〉를 한층 돋보이게 하는 요소 중 하나는 바로 버지니아 울프라는 인물이 시 속에 자연스레 녹아 있기 때문입니다. 나처럼 박인환 역시 그녀의 글을 좋아하지 않았을까 짐작해봅니다. 어쨌든 〈목마와 숙녀〉를 읽으며 자신의 사랑을 깊이 성찰해보는 계기가 되기를 바랍니다.

아버지의 길

_ 김옥림

어릴 적 내가 아버지가 되면
새파란 잔디 위를 걸어가듯
멋진 아버지가 되어 세상을 품에 안고
그 모두를 사랑하고 싶었다
그러나 그것이 환상이라는 걸 알고부터
나의 가슴엔 아픔이 찾아왔고
백지장처럼 하얗던 마음속엔
먹구름이 끼기 시작했다
나이를 먹어간다는 것은
슬픈 일이라는 것을 알게 되었고
어른이 되어 부모 곁을 떠나
부모가 된다는 것은
고독한 일이라는 것을 알게 되었다
아버지가 되는 길은
눈물의 길이며 가시밭길이다
그 길을 벗어나고 싶을 때가
많다는 것은 가슴 아픈 일이다

갈대처럼 흔들리는 아버지의 길
새벽별마저 깊이 잠든 새벽녘에 홀로 깨어나
마른 담배 연기를 삼키는 아버지의 애타는 마음
아버지의 길은 고독의 길이며
늘 벼랑 끝에 서서 아래를 내려다보는
두려움의 길이다
아버지의 길을 한 편의 영화 보듯 꿈꾸지 마라
아버지 길 앞에 경건한 마음으로 서라
아버지의 길은 때론 그 누구도 당당할 수 없는
굴욕의 길이며 안개 속에 쌓인
무심無心의 길이다

〈아버지의 길〉은 내가 20여 년 전에 쓴 작품입니다. 2011년 당시 KBS의 인기 교양 프로그램 〈KBS 낭독의 발견〉에서 한 시대를 풍미했던 인기 희극배우 서영춘의 아들이 아버지를 떠올리며 이 시를 낭독하기도 했습니다. 그때 정용실 아나운서의 차분하고 품격 있는 진행이 프로그램의 깊이를 더했는데, 15년이 지난 지금도 당시의 모습이 생생하게 떠오르곤 합니다.

이 작품을 쓰게 된 배경은 평생을 군사 독재 정부의 녹(祿)을 거부하고 은둔의 삶을 사셨던 선친을 추억했기 때문입니다. 어릴 적에는 아버지가 그 좋은 학벌과 높은 지식을 갖추고도 왜 그렇게 지내셨는지 그 연유를 알지 못했습니다. 그러나 나이가 들면서 점차 아버지의 마음을 헤아릴 수 있게 되었습니다. 나 역시 아버지의 올곧고 강인한 선비정신을 물려받은 덕분에 아버지를 조금도 원망하지 않았습니다.

그렇게 사셨던 아버지의 심정은 하루도 편할 날이 없으셨을 것입니다. 가족을 생각하면 못 이기는 척 관직을 맡으실 수도 있었지만, 그것이 추구하던 이상과 맞지 않아 그 고통을 감내하기가 무척 어려우셨을 것입니다. 결국 아버지는 당신의 신념을 따르셨고, 그로 인해 가장으로서 가족에게 느끼셨을 미안함과 고통 속에서 사셨으리라 생각합니다. 자식 된 도리로 아버지의 가치관을 깊이 이해했고, 이제는 그 이해를 넘어 존경심을 품게 되었습니다. 아버지는 그토록 바라시던 우리나라의 민주화가 이루어진 모습도 보지 못한 채, 환갑을 맞은 이듬해에 귀천하셨습니다.

나도 아버지로 살아가면서 그 무게가 버겁게 느껴질 때가 있습니다. 그렇다고 가족에게 일일이 그 힘듦을 말할 수도 없습니다. 두 아이의 아버지가 된 이후 선친을 생각하며 이 시를 썼습니다. 아버지의 길은 때로는 눈물과 가시밭길 같았지만, 그 길을 묵묵히 걸어왔기에 음악을 전공한 아들과 뮤지컬을 전공한 딸이 지금 각자의 길을 잘 가고 있습니다. 내가 아버지로 살아왔고 또 살고 있는 지금도, 자신의 이상과 신념을 지키며 사셨던 아버지가 뵙고 싶고 무척 존경스럽습니다.

엄마야 누나야

_ 김소월

엄마야 누나야 강변 살자.
뜰에는 반짝이는 금모래빛,
뒷문 밖에는 갈잎의 노래.
엄마야 누나야 강변 살자.

김소월은 한국 서정시의 역사에서 가장 탁월한 민족시인으로, 그의 작품은 과거는 물론 현재까지도 변함없이 많은 이들의 사랑을 받고 있습니다. 그가 서른두 살이라는 짧은 생을 살면서도 수많은 명시를 남길 수 있었던 것은 탁월한 시적 재능 덕분입니다.

그의 작품 세계는 빼어난 표현력, 가장 한국적인 정서의 표출, 민족의 한(恨) 정서, 그리고 토속적인 시어의 활용이 두드러집니다. 이러한 요소들 덕분에 그의 문학은 시대를 넘어 대중에게 깊은 공감을 전하며, 그로 인해 그는 100년 전이나 지금이나 뛰어난 서정 시인이자 민족의 대변자로 추앙받고 있습니다.

그의 대표작 중 하나인 〈엄마야 누나야〉는 동요라 해도 좋을 만큼 간결하고 평이하며, 빼어난 서정성을 갖추고 있습니다. 이 노래가 오랫동안 애창되고 불려온 것은 아름다운 언어가 지닌 힘과 더불어, 누구에게나 친근하게 다가가는 정겹고 부드러운 정서가 있기 때문입니다. 여기에 시의 분위기를 절묘하게 살려 작곡한 안성현 작곡가의 솜씨가 더해져 작품의 매력을 한층 돋보이게 합니다.

누구나 그러했듯이 나도 어린 시절 이 노래를 즐겨 불렀습니다. 노래를 부르다 보면 일찍 시집갔던 큰누나가 떠올라 눈시울을 붉히기도 했습니다. 이 노래에는 내 풀꽃 같은 유년 시절의 추억이 서려 있어, 지금 다시 들어도 코끝이 찡해지곤 합니다. 특히 나이 든 세대들은 제 말에 깊이 공감할 것입니다. 우리에게 이처럼 빼어난 민족의 노래가 있다는 것은 참으로 커다란 축복입니다.

호주머니

_윤동주

넣을 것 없어
걱정이던
호주머니는

겨울이 되면
주먹 두 개 갑북갑북.

　윤동주는 흔히 서정 시인으로만 알려져 있지만, 사실 그는 동시(童詩)도 즐겨 썼습니다. 그의 시가 유난히 맑고 투명한 것은 바로 그가 동심을 자주 노래했기 때문일 것입니다. 시인의 마음은 언제나 시적 감수성과 순수한 동심으로 가득 차 있었습니다.

　동시 〈호주머니〉에 나오는 '갑북갑북'은 평안도 방언으로 '가득'을 뜻하는 말입니다. 즉, 빈 주머니가 겨울만 되면 주먹 두 개로 채워진다는 의미입니다. 이 작품의 화자인 어린이는 가난한 환경에 놓여 있음을 짐작할 수 있습니다. 1연의 "넣을 것 없어 / 걱정이던 / 호주머니는"이라는 구절이 이를 명확히 보여줍니다.

그런데 만일 이 작품에서 '겨울만 되면 / 주먹 두 개로 가득가득'이라고 표현했다면, 원문에서 느껴지는 문학적인 맛은 크게 반감되었을 것입니다. '갑북갑북'이라는 평안도 사투리가 주는 정감 있는 표현력이 그만큼 뛰어나기 때문입니다.

이처럼 이 작품에서 사용된 방언은 동시 특유의 정취를 한층 더 살려주며, 작품의 깊이와 아름다움을 더하는 중요한 요소로 작용합니다. 따라서 방언은 단순한 어휘를 넘어, 특별한 언어적 가치를 지닌다고 할 수 있습니다. 비록 짧은 동시이지만, 유년의 기억을 떠올리며 이 시를 음미하다 보면 잊고 지냈던 동심이 새록새록 되살아나고, 어린 시절 추억의 숲속을 거니는 듯한 따뜻한 즐거움을 느끼게 될 것입니다.

바다

_오장환

눈물은
바닷물처럼
짜구나.

바다는
누가 울은
눈물인가.

오장환 시인은 서정주, 이용악과 함께 1930년대 시단의 3대 천재로 불릴 만큼 뛰어난 문학적 재능을 인정받았습니다. 그는 《낭만》, 《시인부락》, 《자오선》 동인으로 활발히 활동하며 서정적인 작품은 물론 동시도 발표했습니다.

그러나 1945년 광복 이후, 그는 서정성이 짙은 경향에서 벗어나 현실 참여적 성격의 시들을 창작했습니다. 그리고 1947년 월북하면서 그의 작품은 국내에서 출판이 금지되고 금기시되었습니다. 이후 1988년에야 해금 조치가 이루어져 전집, 시집, 평론 등이 발간되었고 그의 문학 세계가 비로소 재조명될 수 있었습니다. 주요 작품집으로는 시집 《성벽》, 《헌사》, 《병든 서울》, 《나 사는 곳》 등이 있으며, 번역 시집으로《예세닌 시집》이 있습니다.

〈바다〉는 바닷물이 짠 것을 두고 누가 흘린 눈물일까 궁금해하는 참신한 발상으로 쓰인 작품입니다. 어린이의 시각이 잘 드러난 이 동시적인 표현은 순수한 동심에 깊이 몰입하지 않으면 나오기 어렵습니다. 어린이가 사물을 바라보는 관점은 어른의 시각과는 큰 차이가 있습니다. 아이들은 동심으로 세상을 바라보지만, 어른들은 삶의 경험과 자신의 눈높이로 세상을 인식하기 때문에 그 시선에는 자연스러운 차이가 생깁니다. 오장환이 이와 같은 동시를 쓸 수 있었던 것은 그만큼 그의 내면이 동심으로 충만했기 때문입니다. 흔히 어린이의 마음은 하늘의 마음이라 하듯이, '동심은 천심(天心)'과 같은 것입니다.

머리가 복잡하거나 마음이 심란할 때는 〈바다〉와 같은 동요적인 작품을 자주 읽어보세요. 읽는 동안 천진난만한 아이의 순수함이 마음을 가득 채워, 복잡했던 상념과 어지러운 감정은 사라지고 풋풋하고 해맑은 기분으로 바뀔 것입니다.

호수 1

_정지용

얼굴 하나야
손가락 둘로
폭 가리지만,

보고 싶은 마음
호수만 하니
눈 감을 수밖에.

정지용 시인의 〈호수 1〉은 그리움의 깊이와 크기를 절묘하게 보
여주는 작품입니다. "얼굴 하나야 / 손가락 둘로 / 가리겠지마는 //
보고 싶은 마음 / 호수만 하니 / 눈 감을 수밖에"라는 표현은 작가가
얼마나 탁월한 시인인지를 여실히 증명합니다.

보고 싶은 감정의 크기를 이토록 쉽고 간결한 언어로 나타내는 것
은 결코 쉬운 일이 아닙니다. 나는 종종 사람들에게 "좋은 시는 길
어야 할까요, 아니면 짧아야 할까요?"라는 다소 순진한 질문을 받
곤 합니다. 그때마다 나는 이렇게 답합니다.

"길이가 길어도 좋은 작품의 조건을 갖추면 훌륭한 시가 되고, 짧

고 간결하더라도 그 조건을 충족하면 역시 좋은 작품이 됩니다."

그러면 듣는 이들은 "그렇군요"라며 고개를 끄덕입니다. 〈호수 1〉은 바로 이처럼 짧으면서도 훌륭한 작품이 갖추어야 할 모든 조건을 충족한 명시입니다.

그렇습니다. 〈호수 1〉과 같은 좋은 문학 작품은 마음의 근육을 기르는 보약과 같습니다. 이러한 작품들을 가까이하면 그만큼 심성이 맑아지고, 거짓된 세상으로부터 자신의 마음이 오염되지 않도록 막아주는 힘이 생겨납니다. 그러므로 좋은 동시와 시를 꾸준히 읽기를 권유합니다.

감자꽃

_ 권태응

자주 꽃 핀 건 자주 감자,
파 보나 마나 자주 감자.

하얀 꽃 핀 건 하얀 감자,
파 보나 마나 하얀 감자.

권태응 시인은 충주 출신의 독립운동가이자 아동문학가입니다. 그는 제일고보 재학 중 친일 학생 구타 사건에 연루되어 옥고를 치렀고, 출옥 후 일본으로 유학을 떠났습니다. 와세다 대학교 시절에는 비밀단체 독서회 사건에 연루되어 도쿄 스가모 형무소에 수감되기도 했습니다. 이때 얻은 폐결핵으로 학업을 중단하고 고향 충주로 돌아와서는 야학을 열고 항일 사상을 강의하며 민족의식을 고취시켰습니다. 또한 전문 배우가 아닌 일반인(아마추어)이 참여하는 소인극(素人劇)을 상연하여 농민과 학생들의 화합을 이끌었습니다. 이후 권태응은 세상을 떠날 때까지 자연과 아이들을 소재로 동요와 동시를 썼습니다. 그러나 안타깝게도 1948년 동요집《감자꽃》을 펴낸 후, 1951년 34세의 젊은 나이로 생을 마감했습니다.

자주 꽃 핀 건 자주 감자,
파 보나 마나 자주 감자.

하얀 꽃 핀 건 하얀 감자,
파 보나 마나 하얀 감자.

동시 〈감자꽃〉은 권태웅의 대표작으로, 간결하고 유쾌하여 아동문학의 정취를 잘 살린 수작입니다. 그러나 이 짧은 구절 속에는 깊은 의미가 담겨 있습니다. 일제강점기 시절, 일본이 우리말과 민족정신을 말살하고자 창씨개명(創氏改名)을 강요했을 때, 이 작품은 이를 빗대어 쓴 노래라고 전해집니다. 독립운동가다운 발상이 아닐 수 없습니다.

자주색 꽃이 피면 땅속을 파 보나 마나 자주색 열매이고, 흰 꽃이 피면 흰 열매인 것처럼, 아무리 이름을 바꾸어도 대한민국 국민의 본질은 절대 변하지 않는다는 강한 메시지를 담고 있습니다. 이처럼 짧고 예쁘고 유쾌한 동요 가사에 이토록 큰 뜻을 담아낸다는 것은, 그만큼 권태웅 시인의 문학적 역량이 탁월했음을 방증합니다. 이러한 순수한 작품을 읽는 것은 큰 즐거움입니다. 이 노래를 음미하며 동심의 참된 묘미를 느껴보기를 바랍니다.

봄 편지

_ 서덕출

연못가에 새로 핀
버들잎을 따서요
우표 한 장 붙여서
강남으로 보내면
작년에 간 제비가
푸른 편지 보고요
대한 봄이 그리워
다시 찾아옵니다.

　　서덕출 아동문학가는 울산 출신으로, 어린 시절 대청마루에서 놀
다가 사고를 당하여 평생 불편한 몸으로 동시와 동요를 창작했습니
다. 그는 어머니에게 한글을 배운 뒤 잡지《어린이》,《개벽》을 비롯
하여 당시《동아일보》,《조선일보》 등의 신문을 탐독하며 창작에
대한 열의를 다졌습니다.

　　1925년, 그는《어린이》에 투고한 〈봄 편지〉가 입선하면서 동요
작가로 등단했습니다. 〈봄 편지〉는 "어둡고 답답하며 원통한 나날
을 보내는 우리 겨레에게 은연중에 희망을 안겨주었다"라는 평가
와 함께 대중의 큰 주목을 받았습니다.

서덕출은 1925년 〈슬픈 밤〉, 1930년 〈칠석 밤〉 등 동요를 발표하며 널리 이름을 알리기 시작했습니다. 그는 아동문학가 윤석중이 이끌던 어린이 독서회인 기쁨사와 굴렁쇠의 동인으로 참여하면서 본격적인 문학 활동을 전개했습니다. 《어린이》, 《신소년》, 《동아일보》, 《조선일보》 등에 〈봉선화〉, 〈눈꽃송이〉 같은 동요와 소년 시, 산문 등을 발표하며 왕성한 창작력을 보였습니다. 하지만 안타깝게도 1940년, 35세의 젊은 나이로 병사하였습니다.

　〈봄 편지〉는 서덕출의 대표작으로, 쉽고 간결한 언어가 독자를 동심과 서정의 세계에 흠뻑 빠져들게 합니다. 아름답고 예쁜 동요의 운율과 정형화된 율격을 갖추고 있어, 읽다 보면 그 말이 입에 착착 감기는 감흥이 느껴집니다. 어느 한 곳 어색한 구절 없이 탄탄하게 짜인 구성은 작품의 품격을 더욱 높여줍니다. 두고두고 읽어도 언제나 새롭게 느껴지는 참 좋은 동시입니다.

형제별

_ 방정환

날 저무는 하늘에
별이 삼 형제

반짝반짝 정답게
지내이더니

웬일인지 별 하나
보이지 않고

남은 별이 둘이서
눈물짓누나.

시
인
의 시 이
야
기

소파 방정환은 우리나라 아동문학의 선구자이자 영원한 아이들의 친구입니다. 그는 1921년 '어린이'라는 낱말을 공식적으로 사용하기 시작했으며, 2년 뒤인 1923년 5월 1일을 한국 최초의 어린이날로 선포했습니다(어린이날은 광복 이후 1946년 5월 5일로 공식 제정되어 현재에 이르고 있습니다). 한국 문단사에서 차지하는 그의 비중은 참으로 막중하여 그 누구에게도 뒤지지 않습니다. 그는 개혁가적 사고와 미래를 내다보는 선견지명을 지닌 인물로, '미래의 동량은 바로 아이들이다'라는 굳건한 신념을 품고 평생을 한결같이 그 믿음을 실천했습니다.

또한 그는 잡지 《어린이》를 창간하여 윤석중, 이원수, 서덕출, 마해송, 윤복진, 최순애 등 걸출한 아동문학가를 발굴하고 육성하는 데 힘을 쏟았습니다. 세계 명작 동화 10편을 번역한 《사랑의 선물》을 출간함은 물론, 어린이 문화 운동 단체인 '색동회'를 창립하고, 동화 〈만년샤쓰〉, 수필 〈어린이 찬미〉 등을 집필하는 등 아동을 위한 일에 헌신했습니다. 한마디로 한국 아동문학의 거대한 뿌리이자 거목이었습니다. 하지만 안타깝게도 김소월, 오장환, 이상 등 많은 천재들이 일찍 세상을 떠났듯이, 그 역시 32세의 짧은 나이로 생을 마쳤습니다.

　서른두 해라는 짧은 생애 동안 어린이 문화 운동가, 독립운동가, 잡지 편집자, 출판인으로서 이룩한 업적은 실로 엄청납니다. 이는 그의 비범함이 거대한 산과 같고 바다와 같았기에 가능한 일이었을 것입니다. 우리나라에 그와 같은 위대한 인물이 있었다는 것은 참으로 대단한 축복이라 할 수 있습니다.

　널리 알려진 동요 〈형제별〉은 하늘에 뜬 별을 소재로 삼은 작품인데, 그 순진무구한 발상이 가슴을 뭉클하게 합니다. 하늘의 세 별을 삼 형제로 바라본 그의 시선이 어찌 그리도 순수할까요. 그렇기에 그는 어른이었지만 영원한 어린이로 우리 가슴속에 남아 있습니다. 이 노래를 들으며 유년 시절을 한번 떠올려보세요. 풋풋했던 그 시절의 추억이 살포시 다가와 당신을 동심의 숲으로 인도할 것입니다.

별

너를 보면
맑은
사랑을 하고 싶다.

_ 김옥림

2

내게로 와서 사랑이 되었다
_ 펜 끝에 스며드는 세계의 시

세월이 일러주는 아름다움의 비결

_ 샘 레벤슨

아름다운 입술을
갖고 싶으면 친절한 말을 하라.
사랑스러운 눈을 갖고 싶으면
사람들에게서 좋은 점을 보아라.
날씬한 몸매를 갖고 싶으면
너의 음식을 배고픈 사람과 나누어라.
아름다운 머리카락을 갖고 싶으면 하루에 한 번
어린이가 손가락으로 너의 머리를 쓰다듬게 하라.
아름다운 자세를 갖고 싶다면
결코 너 혼자 걷고 있지 않음을 명심하라.
사람들은 상처로부터 복구되어야 하며,
맑은 것으로부터 새로워져야 하고,
병으로부터 회복되어야 하고,
무지함으로부터 교화되어야 하며,
고통으로부터 구원받고 또 구원받아야 한다.

결코 누구도 버려서는 안 된다.

기억하라.

만약 도움의 손이 필요하다면

너의 팔 끝에 있는 손을 이용하면 된다.

네가 더 나이가 들면 손이 두 개라는 걸 발견하게 된다.

한 손은 너 자신을 돕는 손이고,

다른 한 손은 다른 사람을 돕는 손이다.

〈티파니에서 아침을〉, 〈전쟁과 평화〉, 〈로마의 휴일〉 등 수많은 영화에서 열연을 펼치며 세기의 연인으로 사랑받은 오드리 헵번 (Audrey Hepburn). 그녀는 〈티파니에서 아침을〉을 통해 세계적인 명성을 얻었고, 〈로마의 휴일〉에서의 뛰어난 연기로 아카데미 여우 주연상을 받았습니다. 이외에도 골든 글로브상, 에미상, 그래미상 등을 받았습니다. 1999년 미국영화연구소(AFI)가 선정한 '지난 100년 동안 가장 위대한 여성 배우 100명' 목록에서는 3위에 오르기도 했습니다.

오드리 헵번의 생애가 아름답고 고귀하게 평가받는 것은 단지 영화배우로서 이룬 업적 때문만은 아닙니다. 그 진정한 가치는 배우

생활을 내려놓은 뒤 보여준 인생 후반부의 행보에 있습니다. 그녀는 유니세프 홍보대사로 활동하며 아프리카, 아시아, 남미 등지를 돌며 헌신적인 봉사를 실천했습니다. 더욱이 암 투병 중인 상황에서도 나눔을 멈추지 않았으며, 생이 다할 때까지 인류애 실천에 자신의 모든 것을 바쳤습니다.

그녀가 많은 이들에게 깊이 기억되고 존경받는 까닭은 세계 영화사에 길이 남을 명배우이기 때문이기도 하지만, 사랑과 헌신으로 봉사활동에 자신의 마지막 시간을 아낌없이 바쳤기 때문입니다.

이 시는 미국 시인 샘 레벤슨(Sam Levenson)의 〈Time Tested Beauty Tips〉이며, 번역하면 〈세월이 일러주는 아름다움의 비결〉입니다. 오드리 헵번은 숨을 거두기 일 년 전 크리스마스이브, 이 작품을 두 아들에게 들려주었습니다. 이는 두 아들이 시가 전하는 인생의 메시지처럼 살아가기를 바라는 어머니의 간절한 마음이었습니다. 그래서일까요, 그녀의 아들들 역시 어머니가 그러했듯이 봉사와 헌신의 삶을 살고 있다고 합니다.

걸어보지 못한 길

_ 로버트 프로스트

노랗게 물든 숲속에 두 갈래 길이 있었습니다.
몸이 하나니 두 길을 다 가볼 수는 없어
나는 서운한 마음으로 한참 서서
덤불 속으로 접어든 한쪽 길을
끝 간 데까지 바라보았습니다.

그러다가 다른 쪽 길을 택했습니다.
먼저 길과 똑같이 아름답고 어쩌면 더 나은 듯도 했지요.
사람이 밟은 흔적은 먼저 길과 비슷했지만,
풀이 더 무성하고 사람의 발길을 기다리는 듯했으니까요.

그날 아침 두 길은 모두 아직
발자국에 더럽혀지지 않은 낙엽에 덮여 있었습니다.
아, 먼저 길은 다른 날 걸어보리라! 생각했지요.
길이란 이어져 있어 계속 가야만 하기에
다시 돌아오기 어려우리라 알고 있었지만

오랜 세월이 흐른 다음
나는 한숨지으며 이야기를 할 것입니다.
"두 갈래 길이 숲속으로 나 있었다. 그래서
나는 사람이 덜 밟은 길을 택했고,
그것이 내 운명을 바꾸어 놓았다"라고.

시
인
의
시 이
야
기

미국 자연주의 시인 로버트 프로스트(Robert Frost)는 무욕(無慾)
의 생애를 살았습니다. 그는 평생을 시골에서 보내며 자연으로부
터 인생의 진리를 깨치고 그것을 작품으로 표현했습니다. 그에게
자연은 철학자이자 인생의 본보기이며, 소망이자 생명의 근원이었
습니다. 그러한 자연과 더불어 살면서 그가 배운 것은 '욕심을 버
리고 삶의 흐름에 순응하는 법'이었습니다. 그것이야말로 생을 가
치 있고 소중하게 여기며 살아갈 수 있는 유일한 길임을 깨달았기
때문입니다.

이 작품의 화자는 갈라진 두 갈래 길 중 풀이 더 무성하여 사람의
발길을 기다리는 듯한 쪽을 선택했습니다. 풀이 무성하다는 것은

통행이 적었거나, 설령 지나간 이들이 있다고 해도 극소수여서 발자국이 남지 않은 길임을 뜻합니다. 이러한 길은 대개 사람들이 선호하지 않는 길입니다. 가시나 돌부리가 있을 수 있고, 전갈이나 독사 같은 위험한 생물들이 도사리는 험난한 여정일 수밖에 없습니다. 그렇다면 화자가 택한 풀이 무성한 길은 어떤 의미일까요?

그 길은 실리, 명예, 이익을 좇는 대중적인 길과는 거리가 있습니다. 오히려 타인에게는 보잘것없어 보일지라도, 자신에게만큼은 온 삶을 걸고 후회 없는, 은혜로운 삶의 경로를 의미합니다.

나는 이 작품을 읽을 때마다 늘 인생에 대해 성찰합니다. 과연 내가 걷고 있는 이 여정이 아름다운 길인가, 아니면 올바른 삶의 궤도인가를 끊임없이 되짚게 됩니다. 그리하여 이 시를 접할 때면 자못 엄숙하고 경건해집니다. 그리고 나 자신을 함부로 대하거나, 내게 주어진 임무를 소홀히 해서는 안 된다는 막중한 책임감을 느끼곤 합니다. 이 작품은 내게 있어 삶의 이정표와도 같습니다.

내 이정표와도 같은 이 시를, 내가 사랑하는 이들과 독자 여러분 모두가 천천히 음미하며 읽어보기를 권합니다. 이 시가 여러분 인생의 길 위에서 참된 빛이 되어주기를 바라며, 나 또한 이 작품을 오래도록 마음 깊이 간직할 것입니다.

지금 하십시오

_로버트 해리

할 일이 생각나거든 지금 하십시오.
오늘 하늘은 맑지만, 내일은 구름이 보일런지 모릅니다.
어제는 이미 당신의 것이 아니니, 지금 하십시오.

친절한 말 한마디 생각나거든,
지금 말하십시오.
내일은 당신의 것이 안 될지도 모릅니다.

사랑하는 사람은 언제나 곁에 있지는 않습니다.
사랑의 말이 있다면
지금 하십시오.

미소를 짓고 싶거든
지금 웃어 주십시오.
당신의 친구가 떠나기 전에
장미는 피고 가슴이 설렐 때
지금 당신의 미소를 주십시오.

불러야 할 노래가 있다면
지금 부르십시오.
당신의 해가 저물면 노래 부르기엔
너무나 늦습니다.
당신의 노래를 지금 부르십시오.

나는 로버트 해리의 시 〈지금 하십시오(Do It Now)〉를 읽을 때마다 어쩌면 이토록 쉽고 간결한 언어로 삶의 참된 의미를 명쾌하게 표현했을까 생각하곤 합니다. 이처럼 훌륭한 작품은 쓰인 언어는 쉬우면서도 그 내포된 의미는 깊이가 있어야 합니다.

그런데 일부 시인들은 난해한 것이 곧 좋은 시라는 오해를 하는 듯합니다. 실제로 어떤 작가는 자신조차 자기가 쓴 작품의 의미를 모른다고 말한 적이 있습니다. 본인도 알 수 없는 글을 독자에게 읽으라고 내놓는 것은 독자를 무시하고 우롱하는 무책임한 행위입니다. 대중을 문학으로부터 멀어지게 만든 이들 창작자들의 깊은 반성이 필요한 때입니다.

〈지금 하십시오〉라는 제목이 의미하듯, 하고 싶은 일은 그것이 무엇이든 미루지 말고 즉시 행동에 옮겨야 합니다. 한 번 미루기 시작하면 계속해서 지연되기 마련이고, 결국에는 그 일을 영영 놓치게됩니다. 이는 소중한 시간을 헛되이 보내어 자신의 인생을 낭비하는 비생산적이고 비창조적인 결과를 낳습니다.

시간은 사람을 기다려주지 않습니다. 아무리 애원하고 붙들어도매몰차게 흘러가 버리는 것이 세월입니다. 그러므로 당장 해야 할일은 반드시 바로 실행에 옮겨야 합니다. 지금 하지 않는다면 영원히 그 기회를 잃을 수도 있기 때문입니다.

행복해진다는 것

_ 헤르만 헤세

인생에 주어진 의무는
다른 아무것도 없다네
그저 행복하라는 한 가지 의무뿐
우리는 행복하기 위해 세상에 왔지
그런데도
그 온갖 도덕
온갖 계명을 갖고서도
사람들은 그다지 행복하지 못하다네
그것은 사람들 스스로 행복을 만들지 않는 까닭
인간은 선을 행하는 한
누구나 행복에 이르지
스스로 행복하고
마음속에서 조화를 찾는 한
그러니까 사랑을 하는 한
사랑은 유일한 가르침
세상이 우리에게 물려준 단 하나의 교훈이지

예수도
부처도
공자도 그렇게 가르쳤다네
모든 인간에게 세상에서 한 가지 중요한 것은
그의 가장 깊은 곳
그의 영혼
그의 사랑하는 능력이라네
보리죽을 떠먹든 맛있는 빵을 먹든
누더기를 걸치든 보석을 휘감든
사랑하는 능력이 살아 있는 한
세상은 순수한 영혼의 화음을 울렸고
언제나 좋은 세상
옳은 세상이었다네

시
인
의 시 이
야
기

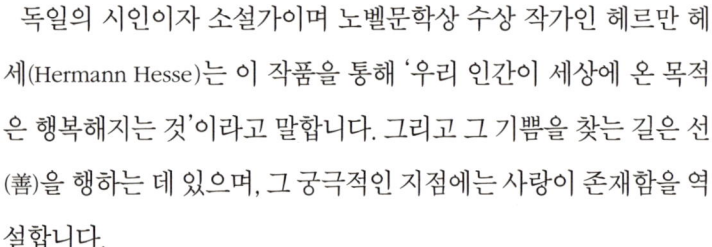

　독일의 시인이자 소설가이며 노벨문학상 수상 작가인 헤르만 헤세(Hermann Hesse)는 이 작품을 통해 '우리 인간이 세상에 온 목적은 행복해지는 것'이라고 말합니다. 그리고 그 기쁨을 찾는 길은 선(善)을 행하는 데 있으며, 그 궁극적인 지점에는 사랑이 존재함을 역설합니다.

　다시 말해, 사람이 진정 행복하기 위해서는 사랑이 필수적이라는 점을 새삼 강조하는 것입니다. 보리죽을 먹든 빵을 먹든, 누더기를 걸치든 보석으로 치장하든, 타인을 사랑할 수 있는 능력만 있다면 참된 행복을 누릴 수 있다는 메시지입니다.

헤르만 헤세가 말하는 진실한 사랑이란, 가정과 사회를 풍요롭게 만드는 아름답고 영원한 가치를 뜻합니다. 우리는 세상에서 가장 아름다운 축복을 받고 태어난 존재이기에, 행복하게 살 권리뿐만 아니라 의무도 지닙니다. 이러한 권리를 포기하는 행위야말로 인간을 가장 추악한 존재로 전락시키는 일이지요.

우리는 사랑을 실천함으로써 행복한 삶을 영위해야 합니다. 이것이 각자에게 주어진 소중한 인생의 선물입니다. 이 귀한 선물인 '행복'을 잘 가꾸고 이어 나가는 것이야말로 스스로를 축복되게 하는 길입니다.

그대는 나의 전부입니다

_ 파블로 네루다

당신은
해 질 무렵
붉은 석양에 걸려 있는
그리움입니다.
빛과 모양을 그대로
내가 가장 좋아하는 구름입니다.

그대는 나의 전부입니다.

부드러운 입술을 가진 그대여,
그대의 생명 속에는
나의 꿈이 살아 있습니다.
그대를 향한
변치 않는 꿈이 살아 숨 쉬고 있습니다.

사랑에 물든
내 영혼의 빛은
그대의 발밑을
붉은 장밋빛으로 물들입니다.

오, 내 황혼의 노래를 거두는 사람이여,
내 외로운 꿈속 깊이 사무쳐 있는
그리운 사람이여,
그대는 나의 모든 것입니다

석양이 지는 저녁
고요히 불어오는 바람 속에서
나는 소리 높여 노래하며
길을 걸어갑니다.

사랑하는 그대여,
내 영혼이
그대의 슬픈 눈가에서 다시 태어나고
그대의 슬픈 눈빛에서부터 다시 시작됩니다.

파블로 네루다(Pablo Neruda)는 칠레의 위대한 민중 시인이자 노벨문학상 수상 작가입니다. 외교관, 정치가, 그리고 남미를 대표하는 문학인으로서 한평생을 보낸 그는 철도 노동자의 아들로 태어나 열아홉 살에 첫 시집《황혼의 노래》를 출간하여 세간의 이목을 끌었습니다. 스무 살 때 펴낸《스무 편의 사랑의 시와 한 편의 절망의 노래》로 대중의 큰 사랑을 받으며 남미 전역에서 가장 유명한 시인으로 자리매김했습니다.

파블로 네루다는 작품 〈그대는 나의 전부입니다〉를 통해 열정적이고 순정한 사랑을 이야기합니다. 열정적인 마음이란 사랑하는 이를 뜨겁게 받아들여 감동을 주는 관계를 뜻합니다. 또한 순정한 마음은 맑고 순수한 이미지를 심어줌으로써 상대에게 깊은 울림을 선사합니다. 이 작품이 전하는 메시지는 바로 이처럼 아름답고 열정적이며 순수한 사랑의 가치를 강조합니다.

내가 파블로 네루다를 사모하는 것은 단지 그가 세상에 대한 따뜻한 시선으로 일상과 애정을 노래하여 '사랑의 시인'이라 불리며 훌륭한 작품을 남겼기 때문만은 아닙니다. 그는 독재에 저항하여 반프랑코 운동, 반파시스트 운동에 참여했다가 의원직에서 파면당했으며, 조국을 떠나 망명 생활을 하면서도 문학인으로서 자신의 길을 당당하게 걸어갔습니다. 또한 칠레 공산당 위원회에서 대통령후보로 지명되었지만, 사퇴하고 자신이 진정 원하는 길을 고수했습니다. 나는 그의 이러한 초지일관한 자세를 존경하고, 그의 작품 세계를 사랑하며, 뜨거웠던 그의 시적 성취에 아낌없는 갈채를 보냅니다.

오늘도 나는 이 위대한 작가를 떠올리며 글을 읽고 씁니다. 그리고 언젠가 나의 사상과 철학이 작품 속에서 조화롭게 어우러지기를 꿈꿉니다. 파블로 네루다, 그가 존재하기에 나는 문학을 더욱 사랑하고 시인으로서의 나 자신을 사랑합니다.

당신의 사랑입니다

_라빈드라나트 타고르

나의 존재를 조금만 남겨 주십시오. 그 존재에 의해
당신을 나의 모든 것이라고 부를 수 있도록.
나의 의지를 조금만 남겨 주십시오. 그 의지에 의해
나는 어디에나 있는 당신을 느끼고, 모든 것 속에서
당신을 만나고, 어느 순간에도 당신에게 사랑을
바칠 수 있도록.
나의 존재를 조금만 남겨 주십시오. 그 존재에 의해
내가 당신을 숨기는 일이 없도록.
나의 사슬을 조금만 남겨 주십시오. 그 사슬에 의해
나는 당신과 영원히 연결되어 있습니다. 당신의
뜻은 나의 생명 속에서 이루어집니다. 그것이 바로
당신의 사랑입니다.

시
인
의

시

이
야
기

아시아 최초로 노벨문학상을 수상한 인도의 시인 라빈드라나트 타고르(Rabindranath Tagore). 그에게 영예를 안겨준 시집《기탄잘리》는 신(神)과 인간에 대한 절대적인 사랑으로 가득 찬 작품입니다. 타고르의 시처럼 신과 사랑하는 사람을 온 마음으로 사랑할 수 있다면, 얼마나 아름답고 감사한 삶일까요.

그런데 그것이 진리임을 알고도 실천하지 못하는 것이 우리 인간이지요. 이것이야말로 인간 최대의 모순이라고 할 수 있습니다. 특히 내가 사랑하는 사람이야말로 세상에서 가장 소중한 존재입니다. 연인은 단순히 곁에 있어 주는 것만으로도 용기와 위안을 주는, 이토록 고맙고 가슴 벅찬 존재입니다.

하지만 그처럼 소중한 사랑을 헌신짝처럼 버리는 이들도 있습니다. 그리고는 뒤늦게 자신의 어리석음을 후회하고 한탄합니다. 타고르의 시 속에는 사랑하는 이에 대한 절대적인 사랑과 믿음이 잘 드러나 있습니다. 그 시들을 소리 내어 몇 번이고 읽어보세요. 마음이 따뜻해지는 기분을 느끼게 될 것입니다.

우리는 누구나 이런 사랑을 꿈꾸고 사랑해야 합니다. 사랑은 두 사람이 함께할 때 더욱 빛나는 감사의 원천이자 행복의 거울이니까요.

성공이란

_ 랠프 월도 에머슨

자주 그리고 많이 웃는 것.
현명한 삶들로부터 존경받는 것.
아이들의 호감을 사는 것.
솔직한 비평가들의 인정을 받는 것.
미덥지 못한 친구들의 배반을 참아내는 것.
아름다움을 식별할 줄 아는 것.
다른 사람에게서 최선의 것을 발견하는 것.

건강한 아이를 낳든
한 뙈기의 정원을 가꾸든,
사회 환경을 개선하든 간에
세상을, 자기가 태어나기 전보다
조금이라도 더 살기 좋은 곳으로 만드는 것.

자신이 한때 이곳에 살았음으로 해서
단 한 사람의 인생이라도 행복해지는 것.

이것이 성공이다.

시
인
의
시
이
야
기

미국의 사상가이자 시인인 랠프 월도 에머슨(Ralph Waldo Emerson). 나는 에머슨의 작품들을 참 좋아하여 즐겨 읽습니다. 그의 사유와 나의 생각이 많은 부분에서 일맥상통한다는 사실을 거듭 느낍니다. 나와 그는 거의 한 세기라는 시간적 간격이 있음에도 불구하고, 그가 품었던 생각과 내가 가진 생각이 이토록 잘 맞닿는다는 점이 놀랍기만 합니다. 마치 그와 내가 보이지 않는 깊은 인연의 끈으로 연결된 것은 아닌가 하는 생각이 들곤 합니다.

현대인들의 머릿속은 온통 '성공'이라는 두 글자로 가득 차 있습니다. 그러나 그들이 생각하는 성취는 대개 물질적인 풍요와 지위에 연연하는 것입니다. 서점에 가도 돈 버는 방법에 관한 책만 펼쳐

봅니다. 이른바 재테크 서적을 펴낸 출판사치고 실패한 경우가 거의 없다고 하니, 사람들이 온통 재물을 모으는 일에만 몰두하고 있는 현실이 너무도 안타깝습니다.

이처럼 많은 이들이 더 좋은 자리와 더 많은 재산을 얻기 위해 혈안이 되어 있는 이때, "세상을 자기가 태어나기 전보다 조금이라도 더 살기 좋은 곳으로 만들라"라는 에머슨의 말은 우이독경(牛耳讀經)이 될 수도 있습니다. 하지만 참다운 삶은 내면이 풍요로워야 합니다. 정신적으로 충만한 생은 그 어떤 것에도 흔들리지 않는 강인함을 지니기 때문입니다. 이처럼 속이 꽉 찬 내면의 풍요야말로 우리가 추구해야 할 진정한 성공입니다.

청춘

_사무엘 울만

청춘이란 인생의 어떤 기간 아니라 그 마음가짐이다.
장밋빛 뺨, 붉은 입술, 유연한 무릎이 아니라
늠름한 의지, 빼어난 상상력, 불타는 정열,
삶의 깊은 데서 솟아나는 샘물의 신선함이다.

청춘은 겁 없는 용기, 안이함을 뿌리치는 모험심을
말하는 것이다.
때로는 스무 살 청년에게서가 아니라 예순 살 노인에게서
청춘을 보듯이
나이를 먹어서 늙는 것이 아니라 이상을 잃어서 늙어 간다.

세월의 흐름은 피부의 주름살을 늘리나
정열의 상실은 영혼의 주름살을 늘리고
고뇌, 공포, 실망은 우리를 좌절과 굴욕으로 몰아간다.

예순이든, 열다섯이든 사람의 가슴속에는
경이로움에의 선망, 어린아이 같은 미지에의 탐구심,
그리고 삶에의 즐거움이 있기 마련이다.

또한 너나없이 우리 마음속에는 영감의 수신탑이 있어
사람으로부터든, 신으로부터든
아름다움, 희망, 희열, 용기, 힘의 전파를 받는 한
당신은 청춘이다.
그러나 영감은 끊어지고
마음속에 싸늘한 냉소의 눈은 내리고,
비탄의 얼음이 덮여 올 때
스물의 한창 나이에도 늙어버리나
영감의 안테나를 더 높이 세우고 희망의 전파를 끊임없이
잡는 한
여든의 노인도 청춘으로 죽을 수 있다.

청춘!

　듣는 것만으로도 언제나 가슴을 울렁이게 하는, 푸릇푸릇 활력 넘치고 생동감 가득한 단어입니다. 사람은 누구나 이 시기를 거치면서 하나의 주체적인 존재로 거듭납니다.

　하지만 대다수는 젊음의 시기가 지나면, 노화하는 세포처럼 늘어나는 주름살의 무게에 짓눌려 젊은 날의 이상을 잃어버리곤 합니다. 그러고는 "이 나이에 무엇을 할 수 있을까"라며 스스로를 한계 짓습니다. 이러한 자세는 자신의 잠재된 능력을 쓸모없게 만들 뿐 아니라, 스스로를 배반하는 행위이기도 합니다.

나이가 들수록 오히려 청년 시절에 품었던 꿈을 더욱 새롭게 굳건히 다져야 합니다. 생물학적 나이는 자신의 포부를 펼치는 데 별다른 영향을 주지 못합니다. 중요한 것은 정신적인 젊음입니다. 그래야 언제나 푸르게 빛나는 별처럼 꿈을 향해 끊임없이 전진할 수 있습니다.

유대계 미국 시인 사무엘 울만(Samuel Ullman)은 말했습니다. "청춘은 인생의 한 시기가 아니라, 이상을 품고 사는 한 언제까지나 지속되는 상태다."

그렇습니다. 나는 이 말에 전적으로 동의합니다. 굳건한 신념을 가지고 살아가는 한, 그 사람은 영원히 청춘입니다. 언제나 푸른 청춘으로 살아가는 당신이 되기를 응원합니다.

너는 한 송이 꽃과 같이

_ 하인리히 하이네

너는 한 송이 꽃과 같이
그리도 예쁘고
귀엽고
깨끗하여라
너를 보고 있으면
서러움은
나의 가슴까지 스며드는구나

하나님이 너를
언제나 이대로
맑고 곱고 귀엽도록
지켜주시길
네 머리 위에 두 손을 얹고
나는 빌고만
싶어지는구나

　간절하고 어여쁜 마음이 잘 드러난 작품입니다. 사랑하는 이가 언제나 맑고 고우며 귀엽기를 바라는 시인의 염원이 고스란히 느껴집니다. 아끼는 사람을 위해 무언가를 해줄 수 있다는 것은 참으로 고마운 일입니다.

　언젠가 나는 크게 감동한 적이 있습니다. 30대 초반의 젊은 부부가 있었는데, 안타깝게도 두 분 모두 뇌성마비 장애를 가지고 계셨습니다. 하지만 부부는 자신들의 장애는 아무 문제가 되지 않는다고 말했습니다. 서로를 아끼는 데 아무런 불편함도 없고, 보통 사람들이 생각하는 것처럼 자신들의 처지가 불행하지 않다고 했습니다. 뻥튀기를 파는 남편 옆에서 활짝 웃으며 아내가 남편 입에 뻥튀기를 넣어주는 모습은 행복 그 자체였습니다.

그들은 많은 이들의 편견을 깨고 사랑의 진정성을 알게 해준, 더 없이 행복한 부부였습니다. 나는 하인리히 하이네(Heinrich Heine)의 〈너는 한 송이 꽃과 같이〉를 접할 때마다 그들 부부의 환한 미소를 떠올리곤 합니다.

사랑하십시오. 오늘이 생의 마지막 날인 것처럼, 당신이 소중히 여기는 이를 마음을 다해 아끼고 사랑하십시오.

산비둘기

_장 콕토

두 마리 산비둘기가
정다운 마음으로
서로 사랑하였습니다.

그 나머지는
말하지 않으렵니다.

  이 작품을 읽으면 너무도 귀엽고 깜찍한 사랑이 느껴집니다. 시인은 정답게 어울려 노는 두 마리의 산비둘기를 통해, 다정한 연인의 모습을 그려낸 것입니다. 여기서 비둘기는 서로를 아끼는 남녀를 상징하지요. 이처럼 풋풋한 감정은 상상하는 것만으로도 즐겁습니다. 사랑은 그 어떤 형태이든 사람의 마음을 따뜻하게 만드는 힘이 있습니다.

  그것은 진실해야 하며, 나보다는 상대를 먼저 생각해야 하고, 가장 좋은 것을 연인에게 줄 수 있어야 하며, 참고 기다려주는 아량이 필요하고, 무엇보다 상대방을 배려할 줄 알아야 하기 때문입니다.

장 콕토(Jean Cocteau)가 "그 나머지는 / 말하지 않으렵니다"라고 여운을 남긴 것은, 독자가 자유로운 상상을 통해 자기 나름의 사랑을 생각해보라는 것이지요. 작품을 읽는 이는 자신의 관점에서 의미를 찾게 되며, 이는 곧 자신이 지향하는 관계 방식으로 표현됩니다. 생각이 곧 그 사람이기 때문입니다.

2연 5행의 짧은 작품이 오랫동안 여운을 남기는 이유는 작가의 뛰어난 표현력 덕분입니다.

사랑하는 사람은 하늘이 준 가장 귀한 축복입니다. 당신이 소중히 여기는 그에게 마음껏 사랑을 쏟고, 진심으로 행복하게 해주십시오. 당신이 준 것보다 훨씬 더 큰 기쁨과 행복을 선물로 돌려받을 것입니다.

나무

_ 앨프리드 조이스 킬머

나무처럼 아름다운 시를
정녕 볼 수 없으리.

대지의 감미로운 젖이 흐르는 가슴에
주린 입술을 대고 서 있는 나무.

온종일 하나님을 우러러보며
잎이 우거진 팔을 들어 기도하는 나무.

여름이면 머리칼 속에
울새의 보금자리를 지니는 나무.

그 가슴 위로는 눈이 내리고
비와 정답게 사는 나무.

시는 나처럼 어리석은 자가 짓지만
나무는 오직 하나님이 만드신다.

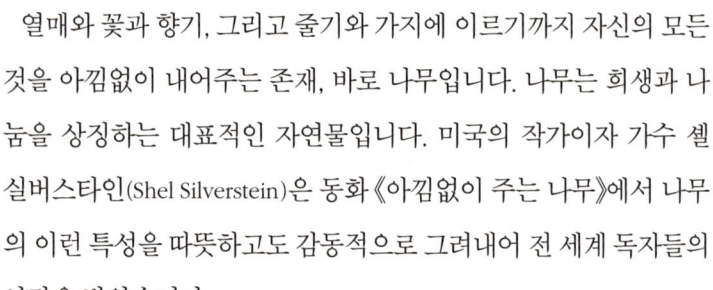

시인의 시 이야기

열매와 꽃과 향기, 그리고 줄기와 가지에 이르기까지 자신의 모든 것을 아낌없이 내어주는 존재, 바로 나무입니다. 나무는 희생과 나눔을 상징하는 대표적인 자연물입니다. 미국의 작가이자 가수 셸 실버스타인(Shel Silverstein)은 동화《아낌없이 주는 나무》에서 나무의 이런 특성을 따뜻하고도 감동적으로 그려내어 전 세계 독자들의 사랑을 받았습니다.

나는 나무를 참 좋아합니다. 푸른 잎을 달고 선 모습은 생기와 활력이 넘쳐 좋고, 붉은 단풍잎을 매단 모습은 곱고 아름다워 좋습니다. 봄, 여름, 가을, 겨울 계절을 불문하고 모두 좋지만, 특히 텅 빈 마른 가지를 매단 겨울나무를 더 좋아합니다. 겨울의 그 풍경은 마치 세상의 모든 욕망을 내려놓은 성자의 얼굴처럼 느껴집니다.

나무는 진정 성인(聖人)과 같은 존재입니다. 자신의 사랑을 온몸으로 보여주며, 제 모든 것을 기꺼이 내어주는 고결한 존재인 것입니다. 우리는 이 숭고한 정신을 배워야 합니다. 나무는 온전한 사랑으로 살아가는 방법을 인간에게 가르쳐주는 훌륭한 스승이자 성자와 다름없습니다.

앨프리드 조이스 킬머(Alfred Joyce Kilmer) 역시 이 깨달음을 얻었기에 "나무처럼 아름다운 시를 / 정녕 볼 수 없으리"라고 나지막이 읊조립니다. 그리고 "시는 나처럼 어리석은 자가 짓지만 / 나무는 오직 하나님이 만드신다"라고 덧붙입니다. 나는 나무처럼 헌신하고 베푸는 사람으로 살고 싶습니다.

바로 나이게 하소서

_ 수잔 폴리스 슈츠

그대와 함께 산길을 걷는 사람이
바로 나이게 하소서

그대와 함께 꽃을 꺾는 사람이
바로 나이게 하소서

그대의 속마음을 털어놓는 사람이
바로 나이게 하소서

그대와 비밀스런 얘기를 나누는 사람이
바로 나이게 하소서

슬픔에 젖은 그대가 의지하는 사람이
바로 나이게 하소서

행복에 겨운 그대와 함께 미소 짓는 사람이
바로 나이게 하소서

그대가 사랑하는 사람이
바로 나이게 하소서

사랑에 관한 시를 누구보다 잘 쓰는 미국의 대표적인 여성 시인 수잔 폴리스 슈츠(Susan Polis Schutz). 그녀의 시는 한 구절 한 구절마다 깊은 사랑과 잔잔한 감동이 스며 있어, 읽을 때마다 마음속이 따뜻하게 밝아오는 것을 느낍니다.

마음이 어둡거나 머리가 무거울 때, 혹은 일이 잘 풀리지 않거나 외로울 때는 그녀의 시 〈바로 나이게 하소서〉를 읽어보세요. 이 작품을 반복해서 읊조리다 보면 용기가 샘솟듯 솟아오르고, 어두웠던 심정은 밤안개처럼 사라져 어느새 맑고 가벼운 기분으로 바뀔 것입니다.

늘 함께 식사하고, 같은 잠자리에 들며 아침을 함께 맞이하는 사람, 가장 좋은 것을 무엇이든 주고 싶은 사람, 슬픔과 기쁨을 함께 나눌 수 있는 사람, 산길을 같이 걷고 비밀스러운 이야기를 나누며 속마음을 털어놓을 수 있는 사람, 행복한 미소를 언제까지나 함께 지을 수 있는 귀한 존재가 내가 사랑하는 사람일 때, 행복은 더없이 깊어집니다.

당신에게 못 견디도록 사랑하는 사람이 있습니까? 그렇다면 그에게 당신의 정성을 다 바쳐 마음껏 사랑하십시오. 사랑하는 존재가 내 곁에 있다는 것은 세상에서 가장 아름답고 귀한 보석을 지닌 기쁨보다 더 큰 환희이기 때문입니다. 아끼는 그 사람이 있기에 우리의 삶은 더욱 풍요롭고 아름답습니다.

험한 세상의 다리가 되어

_S.A. 갈푼켈

당신이 의기소침해하거나
당신의 눈동자에 눈물이 고일 때
당신의 눈물을 닦아주고 당신 곁에 있으리.

고난이 몰아쳐 찾는 친구가 없을 때
거센 물살 건너는 다리처럼
나를 바치리.

낯선 곳에서 향수에 젖을 때나
고통의 밤이 찾아오면
당신을 편안케 해주리.

땅거미가 지고 고통의 밤이 오면
험한 세상 건너는 다리처럼
나를 희생하리.

노를 저어 계속 저어가면
곧 빛이 비추리.
당신의 꿈이 이루어지리다.
자, 저 빛을 보라.

빛이 필요하다면
난 곧장 노 저어가리.
험한 세상 건너는 다리처럼
당신의 마음을 안정시키리.
당신의 마음을 편안케 하리.

시
인
의 시 이
야
기

　세상을 살아가다 보면 기쁘고 행복한 순간도 있지만, 버겁고 힘든 일도 겪게 됩니다. 즐거운 일은 더없이 감사하지만, 고난의 시기에는 하루하루가 높은 산을 넘어가듯 아득하고 숨 막히게 느껴지지요. 이럴 때 곁에 사랑하는 이가 있다면 큰 위로와 격려가 됩니다. 그 힘으로 어떤 어려움도 아무렇지 않게 여기며 이겨낼 수 있게 됩니다.

　이 작품의 시적 화자는 사랑하는 존재를 위해 험한 세상의 다리가 되겠다고 다짐합니다. 연인의 눈물을 닦아주고, 자신을 헌신하여 편안함을 제공하며, 기꺼이 희생하겠다는 결연한 각오가 담겨 있습니다. 참으로 숭고한 사랑이 아닐 수 없습니다.

이 시를 읽다 보면 사이먼 앤 가펑클(Simon & Garfunkel)이 부른 명곡 〈험한 세상의 다리가 되어(Bridge Over Troubled Water)〉라는 팝송이 떠올라 나도 모르게 콧노래를 흥얼거리며 지난날을 돌아보게 됩니다. 나는 과연 이 노래의 가사처럼 사랑하는 이에게 다리와 같은 든든한 존재였는지를 묻게 됩니다.

이처럼 한 편의 시가 주는 인생의 깨달음은 그 어떤 명언보다도 울림이 깊다는 것을 느끼게 됩니다. 이 세상에서 내가 살아가는 동안 누군가에게 희망의 노래가 되고, 기쁨의 꽃이 되며, 시련의 강물 위 다리가 되어줄 수 있다면, 그 얼마나 감사한 일이겠는지요.

아, 그런 상상을 하는 것만으로도 참 행복합니다.

삶이 그대를 속일지라도

_ 알렉산드르 푸시킨

삶이 비록 그대를 속일지라도
슬퍼하거나 노여워하지 마라.
슬픔을 딛고 일어서면
기쁨의 날이 오리니

마음은 항상 미래를 지향하고
현재는 한없이 우울한 것
하염없이 사라지는 모든 것이여
한번 지나가 버리면 그리움으로 남는 것.

시
인
의

시

이
야
기

나는 어린 시절부터 알렉산드르 푸시킨(Alexander Pushkin)의 〈삶이 그대를 속일지라도〉를 무척 좋아했고, 지금도 변함없이 아끼는 작품입니다. 이 시를 처음 접한 것은 초등학교 5학년 때였습니다. 그 철부지 시절에도 이 구절이 깊은 감명을 주었기에, 힘들고 어려운 일을 겪을 때면 마치 기도문처럼 이 시를 읊조리곤 했습니다.

삶이 비록 그대를 속일지라도
슬퍼하거나 노여워하지 마라.
슬픔을 딛고 일어서면
기쁨의 날이 오리니

청소년 시절부터 창작 활동을 시작하여 '문학의 밤' 행사에서 작품을 낭송하고, 각종 잡지에 내 글이 실리는 것을 큰 기쁨으로 여겼습니다. 지금 내가 시인이자 소설가, 그리고 에세이스트로 살아가고 있는 것은, 바로 이 작품이 내게 결정적인 영감을 주었기 때문이라고 말하고 싶습니다. 한 편의 훌륭한 시는 지친 인생을 다시 일으켜 세우는 힘이 있습니다. 더 나아가 한 사람의 삶을 결정지을 만큼 큰 영향을 끼치기도 합니다. 요즘은 시가 잘 읽히지 않는다고 합니다. 참으로 애석한 일이 아닐 수 없습니다.

시를 읽으십시오. 한 편의 짧은 작품이 장편소설을 읽고 난 뒤보다 더 큰 감동과 울림을 줄 수 있다는 사실을 잊지 말기를 바랍니다.

찬바람이 그대에게 불어온다면

_로버트 번즈

저 너머 초원에, 저 너머 초원에
찬바람이 그대에게 불어온다면
나 그대를 감싸리라, 나 그대를 감싸주리라.
바람 부는 쪽에다 내 외투로써 막아
혹은 또 불행의 신산한 풍파가
그대에게 몰아치면, 그대에게 몰아치면
내 가슴이 그대의 안식처 되어
모든 괴로움 함께하리, 모든 괴로움 함께하리다.

세상을 살다 보면 예기치 않은 시련을 만나기도 하고, 하늘이 무너지는 듯한 절망감에 사로잡힐 때도 있습니다. 이때 고난을 함께하고 역경을 극복하는 데 힘이 되어주는 동반자가 있다면 참으로 고맙고 행복한 일입니다. 홀로 감당하기 힘든 어려움도 사랑하는 이가 함께하면 능히 이겨낼 수 있으며, 아무리 절망적인 상황도 희망으로 바꿀 수 있기 때문이지요.

로버트 번즈(Robert Burns)의 시 〈찬바람이 그대에게 불어온다면〉에서 시적 화자는 참으로 아름답고 따뜻한 사랑을 가졌음을 알 수 있습니다. 그는 연인에게 찬바람이 불면 자신이 감싸주겠다고 말하며, 불행이 닥치면 자신의 가슴이 안식처가 되어 고통을 함께 나누겠다고 다짐합니다.

이 얼마나 고맙고 감사한 맹세입니까. 사랑하는 사람에게 이와 같은 헌신적인 말을 듣는 순간, 고통과 괴로움은 눈 녹듯 사라질 것입니다. 레프 톨스토이(Leo Tolstoy)는 사랑에 대해 이렇게 말했습니다.

"사랑은 인간에게 몰아(沒我)를 가르친다. 따라서 사랑은 인간을 괴로움에서 구해준다."

그렇습니다. 사랑하는 이의 따뜻한 마음, 다정한 손길, 온화한 눈빛 등 진정한 사랑만 있다면 어떤 고난도 극복하여 행복하고 감사한 삶을 살게 될 것입니다.

이런 사랑

_ 버지니아 울프

세상에 둘도 없는 친구나
이 세상 하나뿐인 다정한 엄마도
가끔 멀리하고 싶을 때가 있는데
당신은 아직 한 번도 싫은 적이 없습니다.
어떤 옷에도 잘 어울리는 벨트나
예쁜 색깔의 매니큐어까지도
몇 번 쓰고 나면 바꾸고 싶지만
당신에 대한 마음은 아직 한 번도
변한 적이 없습니다.
새로 산 드레스도
새로 나온 초콜릿도
며칠만 지나면 곧 싫증 나는데
당신은 아직 한 번도
싫증 난 적이 없습니다.
오래 숙성된 포도주나 그레이프 디저트도
매일 먹으면 물리는데
당신은 매일매일 같이 있고 싶습니다.

영국의 시인이자 소설가이며 페미니즘과 모더니즘의 선구자인 버지니아 울프(Virginia Wolf). 그녀는 이 작품에서 "당신은 아직 한 번도 싫증 난 적이 없습니다"라고 고백합니다. 그리고 "매일매일 같이 있고 싶다"고 표현합니다. 사랑하는 이가 얼마나 좋았으면 이처럼 만족감을 드러낼 수 있었을까요. 대체 어떻게 했기에 그녀의 마음을 이토록 사로잡을 수 있었을까요.

버지니아 울프는 평생 우울증에 시달리며 수차례 자살을 시도했습니다. 하지만 그녀의 남편 레너드 울프는 그러한 그녀의 모든 것까지 헌신적으로 아끼고 보듬었습니다. 그는 아내를 위해 호가스 출판사를 설립하고, 아내가 작품을 출간할 수 있도록 용기와 힘을 북돋웠습니다. 그 결과, 그녀는 마침내 명성을 떨치는 작가이자 여성 운동가가 되었습니다.

남편 레너드 울프의 헌신적인 사랑은 버지니아 울프로 하여금 "남편은 결코 싫증 나지 않는 사랑"이라는 시적 고백을 하게 만들었습니다. 버지니아 울프의 사례에서 보듯이 사람은 누구나 자신을 위해 노력하고 최선을 다하는 존재에게 감동하게 되며, 그를 오래 마음에 담아두게 되지요.

싫증 나지 않는 관계란 결국 감동을 주는 사랑입니다. 감동을 주는 사랑은 오래도록 마음에 여운을 남기는 까닭입니다.

내가 만일

_에밀리 디킨슨

내가 만일 애타는 한 가슴을 달랠 수 있다면
내 삶은 정녕 헛되지 않으리.
내가 만일 한 생명의 고통을 덜어주거나
또는 한 괴로움을 달래주거나
또는 할딱거리는 로빈 새 한 마리를 도와서
보금자리로 되돌려 줄 수만 있다면
내 삶은 정녕 헛되지 않으리.

미국의 여성 시인 에밀리 디킨슨(Emily Dickinson)은 살아생전 2천 편에 달하는 작품을 창작했습니다. 그러나 생전에는 제대로 인정받지 못했습니다. 그녀가 세상을 떠난 뒤, 여동생인 라비니아 디킨슨이 언니의 작품들을 모아 출판하면서 비로소 위대한 작가로 후대에 남게 되었습니다.

에밀리 디킨슨의 작품 세계는 대개 명상적인 특성을 띠며, 이는 종교적인 영향에 따른 것입니다. 시 〈내가 만일(If I can stop one heart from breaking)〉 역시 그녀의 이러한 면모를 잘 보여주는 작품으로, 타인에 대한 깊은 사랑과 관심이 잘 드러나 있지요.

"내가 만일 애타는 한 가슴을 달랠 수 있다면 / 내 생애는 정녕 헛되지 않으리." 또는 "내가 만일 한 생명의 고통을 덜어주거나 / 또는 한 괴로움을 달래주거나"와 같은 구절이 그 헌신적인 태도를 잘 말해줍니다. 이처럼 가치 있는 삶을 살기 위해서는 타인을 사랑하고 배려하는 마음을 가져야만 할 수 있지요.

"사랑은 아낌없이 주는 것이다."

레프 톨스토이가 남긴 이 말은 '사랑'의 정의를 명쾌하게 보여줍니다. 자신의 따뜻한 마음으로 애타는 이의 가슴을 위로하고, 고통과 시련 속에서 울부짖는 생명에게 위안이 되어줄 수 있다면, 그리하여 그들이 밝은 미소를 짓고 희망을 품을 수 있게 된다면, 그 얼마나 벅차고 행복한 일인가요.

삶을 값지고 보람 있게 보내는 사람이야말로 진실로 행복한 사람입니다.

손으로 붙잡듯이 심장으로 잡으리

_라이너 마리아 릴케

내 눈을 감겨주십시오.
그래도 나는 볼 수 있으리, 그대 모습을
내 귀를 막아주십시오.
그래도 나는 들을 수 있으리, 그대 목소리를
발이 없어도 갈 수 있고
입이 없어도 그대에게 호소할 수 있으리.
내 팔을 꺾어주십시오.
그래도 나는 잡으리, 그대를
손으로 붙잡듯이 심장으로 잡으리.
내 심장을 멎게 해주십시오.
그래도 내 머리는 고동칠 것이며
그대가 내 머리에 불을 던진다 해도
피로써 그대를 껴안으리.

오스트리아의 시인이자 작가인 라이너 마리아 릴케(Rainer Maria Rilke). 그는 20세기 독일어권을 대표하는 문학인입니다. 어린 시절 군인이 되고자 했으나, 문학에 대한 열정으로 방향을 틀어 섬세한 서정시를 썼습니다. 특히 조각가 오귀스트 로댕의 비서로 일하며 사물을 깊이 관찰하고 관조하는 능력을 배웠습니다.

이러한 그의 문학적 태도가 잘 드러나는 대표작으로는《말테의 수기》,《두이노의 비가》,《젊은 시인에게 보내는 편지》등이 있습니다.

릴케는 창작에서 체험의 중요성을 강조하여 "시는 곧 체험이다"

라는 정의를 내린 것으로 유명합니다. 작품 〈손으로 붙잡듯이 심장으로 잡으리〉는 그 어떤 상황에서도 사랑하는 사람을 놓지 않으려는 시적 화자의 진실한 애정을 잘 보여줍니다. 그가 정의한 '시는 체험'이라는 말에 비추어 볼 때, 이 작품 역시 작가의 실제 경험에서 우러나온 것이 아닌가 짐작됩니다.

진심은 언제나 통하기에 고통과 시련이 닥쳐와도, 심장이 멎는 극한 상황이 와도, 자신의 진정한 사랑을 보여줄 수 있는 변함없는 마음이 중요합니다. 지금은 이처럼 자신의 진정성으로 감싸줄 수 있는 사랑, 그런 사랑이 간절히 필요한 시대입니다.

당신이 날 사랑해야 한다면

_E. B. 브라우닝

당신이 날 사랑해야 한다면 오직
시랑을 위해서만 사랑해 주세요.
미소 때문에, 미모 때문에, 부드러운 목소리 때문에
그리고 또 나와 잘 어울리는 재치 있는 생각 때문에
그래서 나에게 느긋한 즐거움을 주기 때문에 저 여인을
사랑하노라고…… 이렇게는 정말 말하지 마세요.
사랑이여, 이런 것들은 그 자체가 변하거나
당신을 위해 변하기도 한답니다.
그렇게 잘 짜인 사랑은 그처럼 쉽게
풀어져 버리기도 한답니다.
내 뺨의 눈물을 닦아주는
당신의 사랑 어린 연민으로도 날 사랑하진 마세요.
당신의 위안을 오래 받았던 사람은 울음을 잊게 되고
그래서 당신의 사랑을 잃게 될지도 모르니까요.
오직, 사랑을 위해서만 날 사랑해 주세요.
사랑의 영원함을 통해
그대가 언제까지나 언제까지나
사랑을 누리실 수 있도록……

19세기 영국을 대표하는 여성 시인 엘리자베스 배럿 브라우닝 (Elizabeth Barrett Browning). 그녀가 시 〈당신이 날 사랑해야 한다면 (If Thou Must Love Me)〉에서 "당신이 날 사랑해야 한다면 오직 사랑을 위해서만 사랑해 주세요"라고 표현한 것은 자신의 뜨거운 경험에서 우러나온 것이기에 가능했습니다.

실제로 엘리자베스 브라우닝은 자신보다 여섯 살 연하인 로버트 브라우닝과 집안의 강한 반대를 무릅쓰고 이탈리아에서 비밀리에 결혼식을 올렸을 만큼 그녀의 사랑은 열렬하고 헌신적이었습니다.

이 시에서 미소, 미모, 부드러운 목소리, 재치 있는 생각, 즐거움을 주는 능력, 혹은 어린 연민 때문에 사랑하지 말고 '순수한 사랑 그 자체를 위해서만' 사랑해달라는 시인의 요청은 참으로 깊은 의미를 담고 있습니다.

외적인 조건을 좇는 사랑은 그 조건의 충족에서 벗어나면 자연스레 깨지기 쉬운 법입니다. 그러나 조건 없는 사랑은 그 어떤 변화로부터도 자신의 마음을 지켜낼 수 있습니다. 사랑만을 위한 사랑, 아, 그 얼마나 고귀하고 아름다운 사랑인가요.

당신이 바로 그 진실한 사랑의 주인공이 되기를 응원합니다.

우리의 사랑을 생각할 때면
나는 아직도 후회하고 있습니다

_ 구스타보 아돌포 베케르

그녀의 눈에 비친 눈물을 보았을 때,
내 입 속에선 미안하다는 말이 맴돌고 있었습니다.
그녀가 자존심 때문에 차가운 말을 내뱉고
눈물을 닦아 버리는 걸 보았을 때
내 입술은 침묵을 지키고 말았습니다.

나는 나의 길을 갔고, 그녀는 그녀의 길을 갔습니다.
하지만 지난날 우리의 사랑을 생각할 때면
나는 아직도 후회를 하고 있답니다.
왜 그때 나는 아무 말도 못 했을까요?
그녀도 후회하고 있을 것입니다.
왜 그때 나는 울지 않았을까요?

사랑하는 사이가 늘 기쁨과 좋은 감정으로 서로를 대할 수 있다면 얼마나 행복할까요. 그보다 더 큰 행복은 없을 것입니다. 하지만 사람은 감정의 동물이기에 아끼는 이와 간혹 다툼을 벌이기도 합니다.

그런데 문제는 논쟁 자체에도 있지만, 그보다 더 심각한 것은 다툰 뒤에 연인에게 보이는 태도입니다. 상심하여 울고 있는 상대에게 미안하다는 말 한마디 건네지 않는다면, 이는 사랑하는 이의 가슴에 또 한 번의 상처를 주는 것과 같습니다. 이때 받는 마음의 고통은 그 정도가 훨씬 더 심합니다. 안 그래도 좋지 않은 기분을 더욱 망치는 결과를 낳기 때문입니다.

이러한 이유로 관계가 파국을 맞는 경우가 많은데, 막상 이별하고 나면 그제야 '좀 더 참을걸', '미안하다고 말할걸' 하고 후회합니다. 그러나 시간은 이미 되돌릴 수 없기에 뒤늦은 후회는 아무 소용이 없습니다.

스페인의 서정 시인 구스타보 아돌포 베케르(Gustavo Adolfo Bécquer)의 시 〈우리의 사랑을 생각할 때면 나는 아직도 후회하고 있습니다〉를 보면, 시적 화자 또한 연인에게 미안하다는 말을 못 해 결국은 헤어지고 후회하고 있습니다.

사랑하는 이와 헤어진 뒤 고통 속에 살기보다는, 자신이 먼저 사과하여 상대의 마음을 풀어주십시오. 그러면 그 사람은 아무 일도 없었던 것처럼 변함없이 당신과 함께할 것입니다. 후회 없는 사랑, 할 수만 있다면 그런 사랑을 해야 합니다. 사랑이 떠나면 아픔만 남으니까요.

첫사랑

_요한 볼프강 폰 괴테

아 누가 돌려줄 것인가, 그 아름답던 날
첫사랑 그때를
아, 누가 돌려줄 수 있을 것인가
그 아름답던 시절의
오직 한 순간만이라도

외로이 나는 이 상처를 키우며
쉼 없이 되살아오는 슬픔에
가버린 행복을 서러워할 뿐
아, 누가 돌려줄 것인가, 그 아름답던 날
첫사랑 즐거운 한때를

첫사랑을 잊지 못해 수십 년 동안 결혼도 하지 않고 그녀를 찾아 헤맨 남자가 있었습니다. 그의 가슴속에는 오직 첫사랑만이 자리했을 뿐, 그 어떤 다른 여인도 들어설 자리가 없었습니다.

부모의 반대로 이루지 못한 애절한 인연이 그의 인생을 송두리째 첫사랑에게 바치도록 만들었던 것입니다. 그는 전국을 누비며 안 가본 곳이 없었습니다. 그러나 그가 그토록 그리워하던 여인은 그 어디에서도 찾을 수 없었습니다. 그는 만날 수 없다는 비통함에 절망했고 때로는 고통에 몸부림쳤지만, 희망의 끈을 놓지 않았습니다.

그런데 그에게 청천벽력 같은 일이 닥칠 줄 누가 알았겠습니까.

천신만고 끝에 첫사랑이 사는 곳을 찾아냈지만, 그녀는 이미 다른 사람의 아내가 되어 있었습니다. 한마디 말도 건네지 못하고 먼발치에서만 그녀를 바라보며 눈물을 삼켜야 했던 그는 가슴이 갈기갈기 찢어지는 아픔에 밤낮으로 울어야만 했습니다. 그 후로도 그는 결혼하지 않고 홀로 살았습니다. 첫사랑의 상실이 남긴 아픔이 실로 컸기 때문입니다. 그는 오직 눈물로써 첫사랑의 행복을 기원했습니다.

독일의 시인이자 작가인 요한 볼프강 폰 괴테(Johann Wolfgang von Goethe)의 시 〈첫사랑〉을 보면, 이 작품의 화자 역시 첫사랑과 헤어지고 나서 간절히 그리워하지만, 마음뿐이지요.

누구나 첫사랑을 잊지 못하는 것은, 그것이 세상에 태어나 처음으로 느낀 특별한 감정이어서 그렇습니다. 만약 첫사랑이 있다면 그 인연을 소중히 붙잡으세요. 이를 위해서는 진정성을 가지고 상대를 아끼고 배려하는 마음이 필요합니다. 진심 어린 마음만이 가장 오래도록 아름다운 사랑을 만들어주기 때문입니다.

노르웨이 숲

_폴 발레리

서로 사랑하던
우리는
나란히 길을 걸어가며
세상에서 가장 순수한 것을
생각했지요.

우리는
이름도 모르는 꽃들 사이를
한 마디 말도 없이 다정히 걸어가며
시나브로, 떨리는 손을
처음으로 마주 잡았지요.

우리는 마치
사랑의 맹세를 한 연인처럼
아름다운 숲길을 끝없이 걸어갔지요.

세상에
이렇게 아름다운 숲이
우리를 위해 존재한다는 것만으로도
행복에 겨워하던 우리는
흐르는 눈물을 참을 수가 없었지요.

그리고 우리들은
그 숲길의 어느 한 곳에
조용히 죽어 있었지요.

아득히 먼
기억들 속으로 빛과 어둠이
서로 교차하며 멀어져 가는 듯
아주 은밀한 속삭임으로
아름다운 숲 그늘 아래에서
우리는 죽어 있었지요.

저 하늘 위에서
한없이 쏟아지는 빛의 찬사에
우리는 눈물을 흘리며
두 손을 마주 잡고 누워 있었지요.

오, 아름다운 나의 사랑이여!

프랑스의 시인이자 비평가, 그리고 사상가인 폴 발레리(Paul Valéry)는 18세 때부터 시를 쓰기 시작했으며, 방대한 산문과 비평으로 명성이 높습니다. 소설《좁은 문》으로 유명한 소설가 앙드레 지드(André Gide)와는 절친한 사이였으며, 앙드레 지드는 그가 유망한 작가로 발돋움하는 데 도움을 주었다고 합니다.

　발레리는 스무 살 때 지적인 혁명을 경험한 후 시 창작을 중단하고, 추상적인 탐구와 이론적인 글쓰기에 몰입했습니다. 하지만 그는 시적인 감수성을 완전히 버릴 수는 없었습니다. 예술적인 감성은 버린다고 해서 쉽게 사라지는 것이 아니기 때문입니다. 지성적 탐구와 글쓰기를 즐겨 하던 그 역시 사랑이라는 감정 앞에서는 어쩔 수 없었던 듯합니다. 인간은 본능적으로 사랑에 민감한 존재이니까요. 더구나 그는 시인이 아니던가요.

폴 발레리는 〈노르웨이 숲〉에서 사랑하는 이와 함께 길을 걸으며 일체감을 나누는 아름다운 모습을 그려 보입니다. 참으로 가슴 벅차고 고결한 사랑의 풍경이 아닐 수 없습니다.

사랑하는 사람과의 일체감을 이루는 관계야말로 사랑의 참맛을 느끼게 해줍니다. 일체감을 이루는 사랑은 굳이 말하지 않아도 상대가 지금 무엇을 원하는지를 눈빛만 보고도 알 수 있기 때문입니다. 당신도 사랑하는 이와 진정한 일체감을 이루는 관계를 맺으십시오. 그 사랑이 당신을 가장 행복한 사람으로 만들 테니까요.

그대여, 사랑해주지 않으시겠습니까

_로버트 브라우닝

그대여, 사랑해주지 않으시겠습니까.

그대의 사랑이 지속되는 한

언제까지나 기다리고 있겠습니다.

가슴에 꽂아놓은 그대의 꽃은

6월에 꽃을 피운 4월의 씨앗이랍니다.

손에 들고 있던 씨앗을 뿌렸습니다.

하나둘 싹이 트고 꽃이 피는 것은

사랑이라는 것

아니 사랑과 비슷한 것

당신은 결코 버리지 않을 것이라고 믿었습니다.

사랑을

죽음을

바라보십시오.

무덤에 꽂아놓은 한 송이 제비꽃

당신의 눈짓 한 번이

천만번의 괴로움을 씻어주고 있다는 것을……

죽음이란 아무것도 아니랍니다.

그대여, 사랑해주지 않으시겠습니까.

　영국을 대표하는 시인 로버트 브라우닝(Robert Browning)은 자신
이 원하는 사랑을 얻기 위해 "그대의 사랑이 지속되는 한 언제까지
나 기다리고 있겠습니다"라고 말합니다. 그리고 "죽음이란 아무것
도 아니랍니다. 그대여, 나를 사랑해주지 않으시겠습니까"라고 고
백합니다.

　로버트 브라우닝은 자신보다 여섯 살 연상인 여인을 깊이 사랑했
습니다. 그는 그녀에게 마음을 고백하고 평생을 함께하자고 청했습
니다. 그녀는 그의 진심을 받아들였고, 두 사람은 결혼하여 영원한
동반자가 되었습니다. 로버트 브라우닝이 사랑했던 그 여인은 바로
시인 엘리자베스 배럿 브라우닝입니다.

그가 작품에서 표현한, 죽음조차 두려워하지 않는 헌신적인 사랑은 참으로 값지고 위대한 가치를 지닙니다. 그가 엘리자베스에게 청혼할 때 이 시구를 그대로 사용했을 것이라는 짐작이 듭니다. 그랬기에 그녀의 마음을 얻어 사랑의 반려자가 될 수 있었을 테니까요.

"사랑은 영원하다. 그것이 지속되는 한."

이는 영국의 시인 단테이 게이브리얼 로세티(Dante Gabriel Rossetti)가 남긴 말입니다. 사랑은 인간의 삶에서 떼려야 뗄 수 없는 관계에 놓여 있는, 가장 열망 가득한 꿈입니다. 그래서 사람들은 사랑을 위해 목숨을 걸기도 하고, 모든 것을 다 던져서라도 그것을 쟁취하려고 합니다.

그렇습니다. 최선을 다해 사랑하는 이를 사랑하십시오.

소네트 18

_윌리엄 셰익스피어

그대 여름날에 비유될까요?
그대는 그보다도 더 예쁘고 더 맑고 밝습니다.
모진 바람은 5월의 꽃봉오리를 떨구고
여름철은 너무나 짧은 것을 어찌할까요.
때로는 태양빛이 너무나도 뜨겁고
가끔은 금빛 얼굴에 가려집니다.
우연이나 자연의 변화로 고운 것이 상하고
아름다운 모든 것도 가시고 말지만
그대 지닌 영원한 여름은 바래지 않고
그대 지닌 아름다움은 가시지 않습니다.
죽음도 그대 앞에 굴복하고 말지니
불멸의 노래 속에 때와 함께 살 겁니다.
인간이 숨 쉬고 눈으로 보는 한
이 노래는 살아서 그대에게 생명이 될 겁니다.

시
인
의
시
이
야
기

요한 볼프강 폰 괴테처럼 윌리엄 셰익스피어(William Shakespeare) 역시 시와 희곡 등 다양한 분야에서 천재성을 유감없이 보여준 인류 역사상 최고의 문학가 중 한 명입니다. 한 사람에게 이토록 많은 재능을 부여하신 하늘의 뜻은 인류를 위해 의미 있는 일을 하라는 무언의 명령이었을지도 모릅니다. 어쨌든 셰익스피어는 자신에게 주어진 재능을 마음껏 펼치며 세계 문학사에 거대한 족적을 남겼습니다.

셰익스피어의 〈소네트 18〉은 연작 〈소네트〉 중 하나로, 영원히 사라지지 않는 태양처럼 불멸의 사랑과 행복을 염원합니다. 이 작품을 통해 사람은 본디 사랑에서 왔고, 사랑하며 살다가 사랑을 남기고 가는 존재임을 깨달을 수 있습니다. 그런데 많은 이들이 사랑이 지닌 진실한 의미와 목적을 알지 못한 채, 그 고귀한 질서를 무너뜨리고 씹다 버린 껌처럼 함부로 대합니다. 사랑을 가볍게 여기는 사람은 참된 기쁨과 희열을 알지 못합니다. 그 가치를 중시하고 몸과 마음을 바쳐야 비로소 진정한 사랑의 가치와 벅찬 희열을 느낄 수 있기 때문입니다.

사랑이 쉽게 사라지는 것이라면 의미가 없을 것입니다. 그 마음은 그 어떤 최악의 상황에서도 불꽃처럼 타올라야 합니다. 그리하여 영원히 지속되며 인생의 기쁨이 되어야 합니다. 불멸의 사랑, 그런 사랑을 꿈꾼다면 죽음조차 굴복시키는 강렬한 마음을 가지십시오. 그 마음이 당신을 최고로 행복한 로맨티스트로 만들 것입니다.

초원의 빛

_ 윌리엄 워즈워스

한때엔 그리도 찬란한 빛으로서
이제는 속절없이 사라져가는
돌이킬 길 없는
초원의 빛이여, 꽃의 영광이여
우리는 서러워하지 않으며
뒤에 남아서 굳세리라.
존재의 영원함을
티 없이 가슴에 품어서
인간의 고뇌를
사색으로 달래어서
죽음도 안광에 철하고
명철한 믿음으로 세월 속에 남으리라

시
인
의 시
이
야
기

영국의 낭만주의 시인인 윌리엄 워즈워스(William Wordsworth). 그는 영국 낭만주의를 이끈 대표적인 문학인으로, 소박하고 꾸밈없는 언어로 서민들과 억압받는 이들을 위한 작품을 발표함으로써 새로운 문학의 시대를 열었다는 평가를 받았습니다.

기존과는 다른 시도를 하는 것은 문학이든 그 어떤 분야에서든 긍정적인 평가를 받는 지극히 당연한 일입니다. 물론 그것이 보편적인 인간의 정서나 사회적 규범에 위배되지 않는 한 말입니다.

워즈워스의 대표작은 〈무지개〉로 알려져 있지만, 나는 그 작품뿐만 아니라 〈초원의 빛〉도 좋아합니다. 내가 이 작품을 좋아하는 이유는 꾸밈없는 소박함 속에 감춰진 강한 의지의 표현 때문입니다.

작가는 이 작품에서 한때 찬란하게 빛나던 것들이 초라하게 사라져갈 때 슬퍼하지 않고, 오히려 굳세게 앞으로 나아갈 것이며, 인간의 고뇌를 깊은 사색으로 극복하고 죽음조차 두려워하지 않는 믿음의 의지를 보여줍니다.

그런 까닭에 워즈워스의 〈초원의 빛〉을 읽을 때마다 내 몸과 마음은 마치 푸른 초원의 길을 걷는 듯 초연해지곤 합니다. 그리고 인생이란 무엇인가에 대해 곰곰이 생각하게 됩니다. 깊은 사유에 젖게 하는 작품, 〈초원의 빛〉은 바로 그러한 시입니다.

아름다운 사랑

_단테

성자의 추도식 날에 아름다운 아가씨들이
바로 내 곁을 스쳐 지나갔었네.
맨 처음 아가씨가 내 옆을 지나갈 때
사랑은 우리를 마주 보게 하였다네.
타오르는 불꽃의 정령인 양
내 마음엔 뜨거운 불길이 타올라
천사의 모습을 바라보는 듯했다네.
그 해맑고 순한 아가씨의 눈에서
넘쳐흐르는 아름다운 사랑의 밀어를
보고 깨닫는 사람의 마음속엔
무한대의 행복이 넘치게 마련이네.
우리에게 행복을 끼쳐주기 위해
아아, 아름다운 아가씨는 천국에서 살다가
이 지상에 온 것이라 생각될 만큼
나는 그녀를 보기만 해도 행복했다네.

월리엄 셰익스피어, 요한 볼프강 폰 괴테, 라빈드라나트 타고르와
더불어 세계 4대 시성(詩聖) 중 한 사람인 13세기 이탈리아의 대표
시인 단테 알리기에리(Dante Alighieri). 그는 시인일 뿐만 아니라 철
학, 신학, 수사학에도 일가를 이루어 르네상스 문학의 새로운 지평
을 연 작가로 평가받습니다. 이러한 문학적 성과의 결과물이라 할
수 있는 《신곡》은 그래서 더욱 가치가 높습니다.

작품 〈아름다운 사랑〉은 성자(聖者)의 추도식 날, 아름다운 여인
들이 자신의 곁을 스쳐 지나갔을 때 맨 처음 본 아가씨에게서 느낀
사랑의 순정함과 그 순수함을 통해 얻는 무한한 행복을 잘 보여줍
니다. 그는 그 아름다운 여인을 천국에서 살다가 이 지상에 내려온

존재라고 생각할 만큼, 그녀를 보는 것만으로도 벅찬 기쁨을 느꼈다고 합니다.

이 얼마나 가슴 떨리는 사랑의 감정인지요. 마치 사춘기 소년이 자신의 마음을 가득 채운 소녀에게서 느끼는 맑고 순수한 사랑을 보는 듯하여, 시적 화자의 때 묻지 않은 정서를 느끼게 합니다.

천사처럼 아름다운 미소가 넘치고 빛나는 영혼의 향기가 느껴지는 사랑, 아! 생각만 해도 너무 행복하지 않나요? 당신도 이처럼 순수한 사랑을 하세요. 그 숭고한 마음이 당신을 무한한 감동과 행복으로 이끌어줄 것입니다.

남몰래 흘리는 눈물

_윌리엄 B. 예이츠

샐리 가든에서
나는 내 사랑과 만났습니다.
그녀는 아주 조심스럽게
그 앞을 지나가고 있었습니다.
나뭇잎이 자라나듯이
사랑도 서두르면 좋을 것이 없다고
그녀는 충고를 했지만
나는 내 어리석음을 앞세운 채
그녀의 말을 들으려 하지 않았습니다.

푸른 들판의 시냇가에서
나는 내 사랑하는 사람과 함께
서 있었습니다.
그녀에게 기댄 내 어깨 위로
그녀가 새하얀 손을 얹으면서
강둑에서 자라는 풀들처럼
인생을 서둘러 조급하게
생각하지 말자고 충고했습니다.
그러나 난
너무나 어렸고 어리석었답니다.
이제는 후회조차 할 수 없고
그저 아련한 눈물을 흘릴 뿐입니다.

시
인
의 시 이
야
기

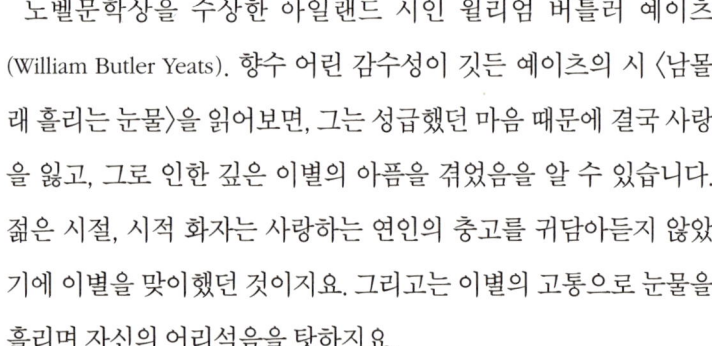

　노벨문학상을 수상한 아일랜드 시인 윌리엄 버틀러 예이츠 (William Butler Yeats). 향수 어린 감수성이 깃든 예이츠의 시 〈남몰 래 흘리는 눈물〉을 읽어보면, 그는 성급했던 마음 때문에 결국 사랑 을 잃고, 그로 인한 깊은 이별의 아픔을 겪었음을 알 수 있습니다. 젊은 시절, 시적 화자는 사랑하는 연인의 충고를 귀담아듣지 않았 기에 이별을 맞이했던 것이지요. 그리고는 이별의 고통으로 눈물을 흘리며 자신의 어리석음을 탓하지요.

　그러나 아무리 후회한들 이미 지나간 인연이 되고 말았습니다. 우 리는 이 이야기에서 중요한 사실을 배울 수 있습니다. 사랑하는 이 의 말을 진정성을 갖고 들어주어야 한다는 것을. 그것은 사랑하는 이에 대한 예의이자, 연인을 향한 신뢰를 보여주는 가장 아름다운 행위이니까요.

　연인들이 헤어지는 데는 여러 이유가 있겠지만, 이 작품에서처럼 상대에게 진심을 보이지 못한 경우가 많습니다. '가까운 사이니까'라는 생각으로 한쪽 귀로 듣고 흘려버리려 하기 때문입니다. 행복한 관계를 원한다면 사랑하는 이의 충고를 기꺼이 받아들이세요. 그 진심 어린 조언은 자신에게 마음의 보약과도 같기 때문입니다.

　사랑하는 사람이야말로 자신에게 가장 좋은 영향을 주는 최선의 존재임을 잊지 말기를 바랍니다.

그대 그리워지는 날에는

_ 스템코프스키

오늘 나는 그대가 그립습니다.
함께 있지 못해서 그래서 나는
그대와 함께 보냈던 행복한 날들을 떠올리며
그대와 함께 보낼 멋진 날들을 기다리며
오늘 하루를 보냈습니다.

그대의 미소가 그립습니다.
그 미소는 그대가 나를 사랑한다는
미묘하지만 숨길 수 없는
표현인 줄 나는 알고 있습니다.

말은 안 해도 따스한 위안으로
모든 두려움을 녹여준답니다.
그리고 그대의 미소는
깊고 진지한 사랑만이 줄 수 있는
행복감과 안도감을 내게 준답니다.

그대의 손길이 그립습니다.
어떤 손길보다도 더 따스하고 아늑한
그 부드러운 감촉
오늘 나는 그대가 그립습니다.

그대는 나의 반쪽이므로
나 혼자서 내 삶을 살 수 있다 해도
지금의 내 삶은
우리의 모든 경험을
아낌없이 나누는 삶이랍니다.

시
인
의
시

이
야
기

보고 싶다 / 보고 싶다 // 네가 나를 생각하지 않는 / 그 시간에
도 / 내가 잠시 딴 생각을 하는 / 그 짧은 순간에도 // 나는 네가
/ 사무치도록 보고 싶다 // 보고 싶다 / 보고 싶다 // 내 그리운
사랑이여

　이 작품은 내 시집《우리는 태어나기 전에 이미 하나의 사랑이었
다》에 수록된 〈보고 싶은 사랑〉입니다. 이 시집을 통해 모든 인연이
이미 예정된 것이니만큼 서로를 더욱 아끼고 사랑해야 한다는 주제
를 담았습니다. 그리고 작품 〈보고 싶은 사랑〉에서는 사랑하는 사
람은 잠시 딴생각을 하는 순간에도 늘 그립고 보고 싶은 절대적 존
재로 그려집니다.

러시아 시인 알렉산드르 스템코프스키(Alexander Stemkovsky) 역시 시 〈그대 그리워지는 날에는〉에서 연인의 미소와 부드러운 손길이 항상 그립다고 노래합니다. 사랑하는 사람은 언제나 그리운 법입니다. 연인의 환한 미소, 달콤한 목소리, 빛나는 눈동자, 부드러운 손길 등 그의 모든 것이 다 그립습니다.

사랑하는 이는 한순간도 자신의 마음과 생각에서 떠나지 않습니다. 언제나 푸른 소나무처럼 가슴을 생기 있게 하고, 달콤한 아이스크림처럼 하루하루를 행복하게 채워주지요. 당신에게도 소중한 사람이 있겠지요? 그렇다면 당신이 사랑하는 이에게 늘 그리움을 주는 사람, 그래서 한순간도 보고 싶어 견딜 수 없는 사랑이 되세요. 그것이야말로 당신 자신을 위한 사랑의 지혜입니다.

헬렌에게

_ 에드거 앨런 포

헬렌, 당신의 아름다움은 내게
그 옛날 니케아의 범선과 같답니다.
방랑에 지친 나그네를 태우고,
조용히 향기로운 바다를 건너,
고향 해안가로 실어다 주던.

오랫동안 거친 바다에서 헤매던 나에게
히아신스 같은 푸른 머리칼과 우아한 당신의 얼굴,
샘가의 여신 나이아스 같은 당신의 자태는,
그 옛날 그리스의 영광을
그 옛날 로마의 장엄함을 보는 듯합니다.

보십시오! 저 빛나는 창가에
서 있는 당신은 마치 조각과도 같군요.
손에는 마노의 등불을 들고
오, 당신은 정녕 성스러운 나라에서 온
여신 프시케와 같답니다!

미국의 소설가이자 시인인 에드거 앨런 포(Edgar Allan Poe)의 시 〈헬렌에게〉는 사랑하는 여인에 대한 시적 화자의 찬사가 마치 어둠을 헤치고 떠오르는 아침 태양처럼 환한 빛을 뿜어냅니다.

"히아신스 같은 푸른 머리칼과 우아한 당신의 얼굴, / 샘가의 여신 나이아스 같은 당신의 자태', 그리고 '오, 당신은 정녕 성스러운 나라에서 온 / 여신 프시케와 같답니다" 등의 표현은 연인을 향한 화자의 사랑을 잘 보여줍니다.

연인에게 지극한 찬사를 받은 헬렌이라는 여인은 얼마나 가슴이 벅찼을까요? 아마 구름 위를 걷듯 행복한 기분이었을 것입니다.

사랑하는 사람에게 편지나 메일, 혹은 카카오톡이나 문자 메시지를 보낼 때는 최대한 따뜻하고 정감 어린 언어를 사용하세요. 따뜻한 말 한마디가 연인의 마음을 기분 좋게 하듯이, 정감 어린 글은 그들의 마음을 온통 노을빛 붉음으로 물들일 것입니다.

사랑하는 사람이 곁에 있다는 것은 행복한 일입니다. 그 사람에게 당신의 최선을 다해 사랑을 표현하세요. 그것은 곧 자신을 행복하게 하는 길이니까요.

사랑의 기도

_J. 갈로

말없이 사랑하여라.
내가 한 것처럼
아무 말 말고
자주 겉으로 드러나지 않게
조용히 사랑하여라.
사랑이 깊고 참된 것이 되도록
말없이 사랑하여라.

아무도 모르게 숨어서 봉사하고
눈에 드러나지 않게
좋은 일을 하여라.
그리고
침묵하는 법을 배워라.

말없이 사랑하여라.
꾸지람을 듣더라도 변명하지 말고
마음이 상하는 이야기에도
말대꾸하지 말고
말없이 사랑하는 법을 배워라.

네 마음을
사랑이 다스리는
왕국이 되게 하여라.
그 왕국을
타인을 향한 마음으로
자상한 마음으로 가득 채우고
말없이 사랑하는 법을 배워라.

사람들이 너를 가까이 않고
오히려 멀리 떼어버려
홀로 따돌림을 받을 때
말없이 사랑하여라.

도움을 주고 싶어도
받아들이려 하지 않는 사람들을 위해
기도하여라.
오해를 받을 때도
말없이 사랑하여라.
네 사랑이 무시당한다 하더라도
끝까지 참으면서……

슬플 때
말없이 사랑하는 법을 배워라.
주위에 기쁨을 나누어주고
사람들이 행복을 느끼도록 마음을 써라.
타인의 말이나 태도로 인해 초조해지거든
말없이 사랑하여라.
마음 저 밑바닥에 스며드는 괴로움을
인내하여라.

네 침묵 속에
원한이나
은혜롭지 못한 마음, 어떤 비난이
끼어들지 못하도록 하여라.
언제나 타인을 존중하고
소중히 여기도록 마음을 써라.

시
인
의 시 이
야
기

갈로(J. Gallo)의 〈사랑의 기도〉를 읽다 보면 '아, 사랑이란 이렇게 하는 것이구나'라는 생각에 젖게 됩니다. 이 작품에는 다양한 사랑에 대해 정의되어 있습니다. 타인에 대한 마음가짐, 봉사의 자세, 인내하는 태도, 미움을 버리는 애정, 슬픔을 이겨내는 의지에 관해 이야기합니다.

사랑에 대해 이토록 깊이 있는 통찰을 보여줄 수 있다는 것은, 그가 진정한 사랑을 깨우쳤기에 가능했겠지요. 레프 톨스토이는 사랑에 대해 이렇게 말했습니다.

"사랑에는 세 종류가 있다. 첫째, 아름다운 사랑. 둘째, 헌신적인 사랑. 셋째, 활동적인 사랑이다."

톨스토이가 말한 아름다운 사랑과 헌신적인 사랑은 연인과의 뜨겁고도 희생적인 관계를 뜻하며, 그가 말한 '활동적인 사랑'은 타인과 사회를 향한 봉사와 나눔의 마음을 의미합니다. 하지만 진실한 사랑은 이 모든 요소를 포함할 때 비로소 완성되는 것이 아닐까요.

마음이 답답하거나, 남을 미워하는 감정이 들거나, 부정적인 생각이 들 때면 〈사랑의 기도〉를 음미해보세요. 그 구절을 곱씹다 보면 사랑의 참된 가치를 다시금 마음에 새기게 될 테니까요.

그대가 나의 사랑이 되어준다면

_알퐁스 도데

그대가 나의 사랑이 되어준다면
내 인생을 모두 걸고서라도
그대와 함께 이 길을 가겠습니다.
외롭고 힘겨운 이 길,
그러나 그대가 내 곁에 있기에
언제나 행복한 길,
그대의 사람이 되어
영원히 저 무덤 속까지 함께 가겠습니다.

시
인
의 시
이
야
기

프랑스의 소설가 알퐁스 도데(Alphonse Daudet) 하면 소설 《별》이 떠오르고, 별을 올려다보면 다시 알퐁스 도데가 가장 먼저 생각납니다. 그만큼 그의 작품이 깊은 감명으로 가슴에 와닿기 때문일 것입니다.

처음으로 《별》을 읽었을 때 숨 막힐 듯한 전율을 느꼈습니다. 맑고 푸른 별들이 반짝이며 금세라도 하늘 가득 쏟아져 내릴 듯한 그 상상은, 나를 순식간에 황홀한 꿈결 속으로 이끌었습니다. 또한 순수하고 순결한 소녀의 이미지는 별과 너무도 완벽하게 어울렸습니다. 책을 덮는 순간, 나 역시 소녀와 같은 순결한 사랑을 꿈꾸게 되었습니다.

그리고 내게도 그러한 사랑이 다가왔었습니다.

그러나 더 이상의 이야기는 하지 않겠습니다.

당신도 그러한 순간이 있었는지요?

소녀를 간절히 연모하는 목동의 순수한 마음이 한 편의 수채화처럼 펼쳐진 《별》처럼, 시 〈그대가 나의 사랑이 되어준다면〉 역시 사랑하는 여인에 대한 시적 화자의 간절함이 잘 드러나 있습니다.

사랑하는 이와 한 존재가 되어 저 무덤 속까지도 함께하겠다는 고백은 그 마음의 깊이를 여실히 보여줍니다. 참으로 절절하고도 간절한 사랑의 노래입니다.

인생이라는 바다를 건너는 법

_ 존 G. 휘티어

인생이라는 바다에
큰 폭풍우가 몰아칠 때
안전한 해변에서
하나님이 구원해주시지 않을까
가만히 기다리지 말고
몸과 마음을 다해 힘껏 헤쳐 나가라.
칼바람이 불어와 바늘처럼 살을 찌를 때
두꺼운 옷으로 온몸을 가려
그 신성한 힘,
그 신성한 목적을 무시하지 말고
온 신경을 곤두세우며 견뎌내라.

시
인
의　시　이
야
기

이 시는 미국의 시인이자 작가이며 노예 폐지론자로 유명한 존 그린리프 휘티어(John Greenleaf Whittier)의 작품으로, 삶을 헤쳐 나가는 지혜를 들려줍니다.

인생이라는 바다를 항해하다 보면 고난의 험한 파도도 만나고, 죽을 만큼 힘든 태풍도 마주하게 됩니다. 이럴 때 누군가의 도움을 바라는 간절한 마음이 생겨납니다. 그래서 주위를 살피며 구원의 손길을 찾기도 합니다. 다행히 도움을 줄 사람을 만나면 위기의 순간에서 벗어나는 행운을 얻을 수 있습니다. 하지만 도움을 줄 대상을 만나지 못하면 당황하고 절망하게 될 것입니다. 자칫하면 삶의 거센 풍랑에 영원히 휩쓸려 갈 수도 있습니다.

그러면 우리는 어떻게 해야 할까요? 가만히 기다리지 말고, 위기의 순간에서 벗어날 수 있도록 몸과 마음을 다해 스스로 힘껏 헤쳐나가야 합니다. 오직 자신의 힘으로 풍랑을 헤쳐 나가는 것만이, 역경 속에서 스스로를 지켜낼 수 있는 유일한 길이니까요.

삶을 살다 보면 예기치 않은 위기를 맞이할 때가 있습니다. 그럴 때 외부의 도움을 기다리기보다는 스스로를 지켜내는 힘을 길러야 합니다. 그것이야말로 시련에서 벗어날 수 있는 가장 확실한 방법입니다.

인생 예찬

_ 헨리 워즈워스 롱펠로

내게 슬픈 곡조로 말하지 말지니,
인생은 한낱 헛된 꿈에 불과하다고!
잠든 영혼은 죽은 영혼이리니,
만물은 보이는 그대로가 아닌 것.

삶은 참된 것! 삶은 엄숙한 것!
무덤이 결코 그 마지막은 아니려니;
흙에서 왔으니 흙으로 돌아가라는 것은,
영혼을 말하는 것이 아니다.

우리가 가는 길, 가야 할 곳은
향락이나 슬픔에 있는 것이 아니리니;
오늘보다 더 나은 내일이 되도록
활동하는 그것이야말로 인생이다.

예술은 길고 인생은 찰나와 같고,
우리의 심장은 강하고 튼튼해도
마치 소리죽인 북처럼 무덤을 향해
장송곡을 울린다.

인생이란 광활한 전쟁터에서,
인생이라는 길 위에서
말 못하고 쫓기는 짐승은 되지 말라!
전쟁터에서 이기는 영웅이 되라!

아무리 달콤해 보일지라도 미래를 믿지 말라!
죽은 과거는 죽은 채로 묻어두어라!
활동하라, 살아 있는 지금 활동하라!
가슴속에는 용기가 머리 위에는 하나님이 계신다.

앞서 살았던 위인들은 말해주나니
우리도 우리의 삶을 장엄하게 이룰 수 있고
떠날 때에는 지나간 시간의 모래 위에
우리 발자국을 남길 수 있다.

인생을 항해하는 누군가가
난파를 당해 절망에 빠졌을 때
그 발자국을 보게 된다면
다시 용기를 얻게 될 것이다.

자, 우리 모두 일어나서 일해야 하려니,
용감하게 운명에 굴복하지 말고;
끊임없이 성취하고 추구하면서,
일하면서 기다리기를 힘써 배워야 하리다.

내게로 와서
사랑이 되었다

시
인
의　시　이야기

　19세기 미국을 대표하는 시인이자 〈화살과 노래〉로 널리 알려진 헨리 워즈워스 롱펠로(Henry Wadsworth Longfellow)의 작품 〈인생 예찬〉을 보면 활기가 넘치고 굳은 의지가 번득입니다. 이 시는 삶의 진실함과 엄숙함에 대해 노래하고, 현재를 중요시하며, 인생의 발자취를 남기는 삶, 절망하지 않고 운명에도 굴복하지 않으며 끊임없이 추구하는 태도를 노래합니다.

　이렇듯 롱펠로는 낙관적인 삶과 희망찬 현재, 그리고 창조적인 미래를 노래하며 그 중심에 있는 인생의 숭고함을 찬양합니다. 좀 더 자세히 말하자면, 누구의 삶이든 그것은 매우 소중하며, 따라서 그 소중함을 결코 함부로 다루어서는 안 된다는 것을 강조합니다.

그런데 여기에는 한 가지 분명히 해야 할 사실이 있습니다. 유쾌하고 낙관적이며 긍정적인 삶은 누가 만들어주는 것이 아니라는 점입니다. 그것은 스스로 만들어가는 것입니다. 롱펠로는 〈인생 예찬〉을 통해 바로 이 메시지를 우리에게 전합니다.

누구에게나 자신의 인생은 다 소중하며, 그런 까닭에 값진 삶을 살아야 하고 아름다운 삶의 흔적을 남겨야 합니다. 용기와 격려가 필요할 때 롱펠로의 〈인생 예찬〉을 읽어보세요. 긍정적인 에너지가 당신을 따뜻하게 감싸줄 것입니다.

참나무

_ 앨프리드 테니슨

인생을 살아가되,
젊어서나 늙어서나,
저기 저 참나무처럼
봄에는 찬란한,
황금빛 삶을.

여름에 무성하였다가도
가을이 오면
가을답게 변하여,
은은한 빛을 지닌
다시 황금빛 삶을.

마침내 모든 나뭇잎이
다 떨어진 그때도,
보라, 우뚝 선
줄기와 가지,
그 적나라한 저 힘을.

영국 빅토리아시대의 시인 앨프리드 테니슨(Alfred Tennyson)은 작품 〈참나무〉를 통해 인생을 참나무에 빗대어 이야기합니다. 봄에는 찬란한 황금빛으로 빛나는 삶을 살고, 가을이 오면 은은한 빛을 지닌 성숙한 모습으로 살라고 권유합니다. 마침내 잎이 모두 떨어진 후에는 우뚝 선 줄기와 가지, 그 적나라한 힘을 가지고 살라고 말합니다.

테니슨이 노래하는 참나무는 '단단하고 빛나는 삶, 변화하는 환경 속에서도 지혜를 잃지 않는 인생, 나이가 들어서도 힘을 잃지 않는 굳건한 삶'을 의미합니다. 이러한 고귀한 삶을 사는 것은 절대 쉽지 않습니다. 그렇다고 해서 못 할 것도 없습니다. 그것은 오로지 자신의 의지에 달린 문제이기 때문입니다.

그렇다면 문제는 간단합니다. 의지를 굳건히 다지고, 테니슨이 말하는 참나무와 같은 인생을 살아가도록 노력하면 됩니다. 물론 결과를 얻는 과정이 순탄치만은 않겠지요. 만약 모든 것이 쉽다면 삶의 참된 가치를 제대로 느낄 수 없을 것입니다. 인생의 진정한 가치는 어려움을 극복하며 성취하는 데 있기 때문입니다.

당신 역시 참나무처럼 강인한 삶의 주인공이 될 수 있습니다. 그것은 당신의 의지에 달려 있습니다.

가던 길 멈춰 서서

_윌리엄 헨리 데이비스

근심에 가득 차, 가던 길 멈춰 서서
잠시 주위를 바라볼 틈도 없다면 얼마나 슬픈 인생일까?

나무 아래 서 있는 양이나 젖소처럼
한가로이 오랫동안 바라볼 틈도 없다면

숲을 지날 때 다람쥐가 풀숲에
개암 감추는 것도 바라볼 틈도 없다면

햇빛 눈부신 한낮, 밤하늘처럼
별들 반짝이는 강물을 바라볼 틈도 없다면

아름다운 여인의 눈길과 발
또 그 발이 춤추는 모습을 바라볼 틈도 없다면

눈가에서 시작한 그녀의 미소가
입술로 번지는 것을 기다릴 틈도 없다면

그런 인생은 가엾은 인생, 근심으로 가득 차
가던 길 멈춰 서서 잠시 주위를 돌아볼 틈도 없다면.

영국에서 태어나 영국과 미국을 오가며 살았던 시인 윌리엄 헨리 데이비스(William Henry Davies). 그의 작품 〈가던 길 멈춰 서서〉는 삶의 여유, 즉 충분한 여백을 가지고 살아야 한다고 이야기합니다. 휴식을 즐길 틈 없이 바쁘기만 하다면, 그러한 삶은 한마디로 '가엾은 인생'이라는 것이지요.

지금 우리 사회는 경쟁의 속도를 높이는 데만 열을 올립니다. 사람들은 그 속에서 마치 속도 기계처럼 움직입니다. 경쟁에서 밀리면 자신의 자리는 그 어디에서도 결코 보장받을 수 없기 때문입니다. 하지만 안타깝게도, 이러한 경쟁에서 밀려난 젊은이들은 취업이라는 근심의 무게에 짓눌려 진정한 여유를 가질 틈이 없습니다.

설령 시간적 여백이 있다고 해도, 그것은 휴식에서 오는 것이 아니라 어쩔 수 없이 보내야 하는 무료함에 가깝습니다.

이는 비단 젊은 세대만의 문제가 아닙니다. 50대, 60대 등 다른 세대에서도 마찬가지입니다. 참으로 애석하고 안타까운 현실이 아닐 수 없습니다. 너무 바빠서 쉴 틈이 없는 삶은 차라리 넘치는 행복이지요. 근심에 가득 차, 가던 길을 멈춰 서서 잠시 주위를 둘러볼 틈조차 없는 가엾은 인생이 없는 시대가 하루빨리 오기를 바랍니다.

당신에게 줄 말은
연습이 필요하다
세계 명시 필사책

초판 1쇄 인쇄 2025년 12월 10일
초판 1쇄 발행 2025년 12월 22일

지은이 | 김옥림
펴낸이 | 최윤하
펴낸곳 | 정민미디어
주 소 | (151-834) 서울시 관악구 행운동 1666-45, 3층
전 화 | 02-888-0991
팩 스 | 02-871-0995
이메일 | pceo@daum.net
홈페이지 | www.hyuneum.com
편 집 | 남은영
표지디자인 | 강희연
본문디자인 | 디자인 [연;우]

ISBN 979-11-24022-08-5 (03800)